Das Paris des Marcel Proust

Text: Mathias Iven | Photographien: Angelika Fischer

Blick vom Stammhaus der Galeries Lafayette, Boulevard Haussmann

In unruhiger Zeit

Als Marcel Proust am 10. Juli 1871 eine Stunde vor Mitternacht geboren wird, herrscht erst seit wenigen Wochen Frieden. Ein Jahr zuvor hatte Kaiser Napoléon III. Preußen den Krieg erklärt. Niemand hatte geahnt, dass er schon sechs Wochen darauf ein Gefangener der Deutschen sein würde. Nach der Niederlage der französischen Truppen in der Schlacht bei Sedan und der darauf erfolgten Kapitulation hatte man ihn nach Kassel gebracht und in Schloss Wilhelmshöhe unter Arrest gestellt. In Paris verkündete die neue Regierung das Ende des Second Empire und proklamierte am 4. September 1870 die Dritte Republik. Doch damit war der Krieg noch nicht beendet. Immer wieder kam es zu Gefechten. Mitte September wurde die französische Hauptstadt von deutschen Truppen eingeschlossen, eine schwere Hungersnot war die Folge. „Paris", so erlebte es Émile Zola, „rang ohne eine Klage mit dem Tode." Am 28. Januar 1871 vereinbarten die verfeindeten Parteien einen Waffenstillstand. Doch erst dreieinhalb Monate später wurde der Frieden zwischen Frankreich und Deutschland mit den Unterschriften von Jules Favre und Otto von Bismarck endgültig besiegelt.

In den Straßen von Paris herrschte zu dieser Zeit Chaos. Bis zum 28. Mai lieferten sich die für die Ideale von Freiheit, Gleichheit und Brüderlichkeit kämpfenden Aufständischen der Pariser Kommune und die Regierungstruppen blutige Auseinandersetzungen.

Die Brüder Robert und Marcel Proust, um 1882

Anfang Juni 1871 waren die Wege aus der Stadt heraus endlich wieder frei. Umgehend brachte Adrien Proust seine schwangere Frau Jeanne nach Auteuil. Hier, am westlichen Rand von Paris, befand sich der Zweitwohnsitz von Louis Weil, dem zwei Jahre jüngeren Bruder ihres Vaters. Nur wenige Wochen später kommt dort Valentin Louis Georges Eugène Marcel Proust zur Welt. Für die Mutter ist ihr Erstgeborener ein Leben lang nur „mon petit loup", „mein kleiner Wolf". Auch Jeannes zweiter Sohn Robert Émile Sigismond Léon wird im Haus von Onkel Louis geboren. Als Arzt und Wissenschaftler wird der „andere Wolf" fast so berühmt werden wie sein Vater.

Die Familien Proust und Weil

Adrien Proust stammte aus Illiers, einer kleinen Stadt im Département Eure-et-Loire, rund einhundert Kilometer von Paris entfernt. Die meisten seiner katholischen Vorfahren waren Landwirte oder Händler. So auch sein Vater, der am Marktplatz des Ortes eine Kolonialwarenhandlung betrieb. Auf dessen Wunsch hin besuchte Adrien zunächst das Priesterseminar. Danach nahm er ein Medizinstudium auf und erwarb sich schon in jungen Jahren Verdienste auf dem Gebiet der Seuchenbekämpfung. Wenn es seine beruflichen Verpflichtungen erlaubten, verbrachte Adrien mit seiner Frau und den Kindern die Osterferien und einige Wochen im Sommer in Illiers. Gewohnt wurde bei der vier Jahre älteren Schwester Françoise Élisabeth und deren Mann Jules Amiot, dem Inhaber eines gutgehenden Modegeschäfts.

Papa liebte Illiers, und Mama war nicht die Frau, die es ihm hätte nehmen wollen. Sie ging dorthin, weil sie meinen Vater zu sehr liebte, um zuzulassen, dass er auch nur einen Augenblick argwöhnen könnte, sie langweile sich dort. In Wirklichkeit verdross es sie, dort hinzugehen. Und mein Vater liebte sie seinerseits zu sehr, um nicht diesen Verdacht zu haben, ohne es sich anmerken zu lassen.

Die Besuche in Illiers wurden eingestellt, als Marcel im Frühling 1881 nach einem Spaziergang im Pariser Bois de Boulogne seinen ersten Asthmaanfall erlitt. Wie sein Bruder Robert später berichtete, hätte ihn dieser „vor den Augen meines erschrockenen Vaters beinahe dahingerafft“. Für Adrien Proust war sofort klar, dass aus medizinischer Sicht nur eine Luftveränderung für Besserung sorgen könne. Und so verbrachte Marcel zukünftig die Ferien mit seiner Großmutter mütterlicherseits an der Küste der Normandie, in Dieppe oder Cabourg. Geheilt wurde er nicht. Die Krankheit sollte sein Leben bestimmen.

Jeanne Weil stammte gleichfalls aus gutbürgerlichen Verhältnissen. Ihre Mutter Adèle Berncastel, die mittlere von drei Töchtern eines aus Trier stammenden jüdischen Kaufmanns, hatte am 6. Dezember 1845 den durch Finanzgeschäfte zu einigem Wohlstand gekommenen Nathé Weil geehelicht. 1847 wurde ihr Sohn Georges-Denis geboren, zwei Jahre später kam

Jeanne in Paris zur Welt. Kurz vor deren Geburt zog die Familie von der Rue d'Hauteville in die Rue du Faubourg Poissonnière Nr. 40bis, in eine von Handwerkern geprägte, nah bei den großen Boulevards und Theatern gelegene Gegend.
Jeanne Clémence Weil und Achille Adrien Proust wurden am 3. September 1870 in der Mairie des X. Pariser Arrondissements getraut. In den ersten Monaten nach der Hochzeit lebte das Paar in den zuvor schon von Marcels Vater genutzten Räumen in der Rue Joubert Nr. 35, nur ein paar Schritte vom Gare Saint-Lazare entfernt. Anfang 1871 wechselten sie in die Rue Roy, eine im VIII. Arrondissement gelegene Nebenstraße des Boulevard Haussmann, und bezogen dort eine Wohnung im zweiten Stock der Nummer 8.

Auteuil, eine ländliche Idylle

„Paris ist keine Kommune, es ist die Hauptstadt des Reichs, das gemeinsame Eigentum des ganzen Landes, die Stadt aller Franzosen." So jedenfalls sah es Baron Georges-Eugène Haussmann, der von Napoléon III. im Juni 1853 ernannte Präfekt des Département Seine. Wie kein anderer veränderte er das Gesicht der französischen Metropole. In nur knapp zwei Jahrzehnten schuf Haussmann das moderne Paris. Es entstand ein neues Straßennetz mit breiten, von Gaslaternen beleuchteten Boulevards und Avenuen. Die großen Bahnhöfe und die überdachten Passagen wurden zu Wahrzeichen der Stadt. Und die

Auteuil: Rue Jean de La Fontaine, Ecke Rue George Sand, um 1900 (historische Postkarte)

Rue Jean de La Fontaine Nr. 96, einstiger Standort von Marcel Prousts Geburtshaus

neu errichteten Mietshäuser boten ihren großbürgerlichen Bewohnern einen bisher unbekannten Komfort. Überall wurden Plätze, Parks und Grünanlagen angelegt. Doch all das fortschrittlich Gedachte hatte auch seine Schattenseiten. Die für die großen Straßendurchbrüche notwendigen Abrissarbeiten trafen vor allem die ältesten Teile von Paris. Im Oktober 1868 resümierte Émile Zola: „Nicht für die Arbeiter wird die Stadt saniert, jeder neue Boulevard, der gezogen wird, drängt sie in größerer Zahl in die Vorstädte zurück."
Auteuil, in früheren Zeiten ein ländlicher Weiler in der Nähe des Bois de Boulogne, wurde von den „grands travaux" weitgehend verschont. Für die Pariser hatte der mondäne, im südlichen Teil des XVI. Arrondissement gelegene Vorort mit seinen Villen und Landhäusern den Charakter einer Sommerfrische. Zur Zeit von Ludwig XIV. besaßen Molière und Racine dort ein Haus. Im 19. Jahrhundert suchte Balzac hier Schutz vor seinen Gläubigern, es kamen Chateaubriand, Victor Hugo sowie die Gebrüder Goncourt. Bei der Angliederung an Paris existierten nur ein paar größere Straßen. Eine davon war die Rue Jean de

La Fontaine. An der Stelle von Prousts Geburtshaus befand sich das Landhaus von Louis Weil. Marcels Großonkel hatte das dreistöckige Gebäude und das dazugehörige Grundstück 1857 von der Schauspielerin Eugénie Doche erworben. Fünfundzwanzig Jahre lang verbrachte die Familie Proust das Frühjahr und den Anfang des Sommers dort. Seit 1876 stand ihnen dafür ein zweistöckiger, *nach hintenheraus* angebauter, vier Zimmer und eine Mansarde umfassender Pavillon zur Verfügung.

Jenes Haus in Auteuil, das wir mit meinem Onkel bewohnten, mitten in einem großen Garten, der durch den Einschnitt der Straße (heute Avenue Mozart) zweigeteilt wurde, entbehrte so sehr des Geschmacks wie nur möglich. Doch vermag ich das Vergnügen gar nicht zu schildern, das ich empfand, wenn ich die sonnen- und lindenduftdurchflutete Rue La Fontaine entlanggelaufen war und dann für einen Augenblick in mein Zimmer hinaufging, wo die geschmeidige Luft eines warmen Vormittags im Chiaroscuro perlmuttglänzend im Reflex und der Lasur der großen (recht wenig ländlichen) Vorhänge aus empireblauem Satin, die einfachen Gerüche der Seife und des Spiegelschranks schließlich mit einem Firnis überzogen und abgesondert hatte.

Als Louis Weil am 10. Mai 1896 starb, stand das Haus zunächst leer. Ende März 1897 wurde es von Jeanne Proust und ihrem Bruder Georges an den Pariser Bauunternehmer Alfred Daval verkauft. Der ließ es abreißen und errichtete an gleicher Stelle ein sechsstöckiges Mietshaus. Eine Weile danach fanden die Prousts ein Chalet im Parc des Princes. Der Weg von ihrer Stadtwohnung dorthin führte durch Auteuil. Mit Wehmut blickten sie jedes Mal auf die ihnen bekannten Nachbarhäuser, *von denen einige ihr Gesicht von damals, ihren alten blumenbekränzten Eingang, ihr Gartentor bewahrt hatten, das auf Rasenflächen zwischen baumbestandenen Wegen und ein kleines Gärtnerhaus hinführte.* All das schien stehengeblieben zu sein, um *die bis zur Unkenntlichkeit gehende, umstürzende Verwandlung ihres eigenen Hauses und Gartens umso fühlbarer zu machen.* Auteuil und Illiers waren zu Orten der Erinnerung geworden. Doch Jahre später wird Marcel Proust das Vergangene in der *Suche nach der verlorenen Zeit* lebendig werden lassen. Und nicht nur das. Jeder Ort, jede Person – alles wird zum Material seines Schreibens. Sein Leben wird zum Roman.

Eine Kindheit in Paris

1873, wenige Monate nach Roberts Geburt, zieht die nunmehr vierköpfige Familie um. Man bleibt im selben Stadtteil, dem wegen der Nähe zum Sitz des Staatspräsidenten sogenannten Arrondissement de l'Élysée. Unweit vom Place de la Madeleine, nicht einmal zehn Minuten von der Rue Roy entfernt, findet sich zum 1. August 1873 eine große Etagenwohnung in der Nr. 9 des Boulevard Malesherbes. Über den Hof, auf dem sich die Schneiderwerkstätten von John, Sandt et Laborde sowie von Eppler befinden, gelangt man in die im ersten Stock befindlichen Räume. Zu der für damalige Verhältnisse luxuriösen, für die großen Boulevards typischen Ausstattung gehören eine Kohlezentralheizung und ein Gasherd, es gibt ein Bad und eine gesonderte Toilette. Lediglich auf elektrisches Licht muss noch verzichtet werden. Was den verschwenderisch großen Räumen jedoch fehlt, ist Eleganz. Der von Prousts jüngerem Mitschüler Fernand Gregh überlieferte Eindruck war „der eines ziemlich düsteren Zimmers, das mit schweren Möbeln vollgestellt, durch Vorhänge abgedichtet und von Teppichen gedämpft war – ein Eindruck von Schwarz und Rot, ein damals ganz typisches Zimmer, das von der Balzac'schen Rumpelkammer gar nicht so weit entfernt war, wie wir glaubten".
Vom Salon, dem Zimmer der Eltern und dem Arbeitszimmer des Vaters schaut man auf die Rue de Surène. Der Großteil der Fenster der anderen Räume liegt jedoch hin zum Innenhof und bietet eine ganz besondere Szenerie.

> Die außerordentliche Nähe übrigens der Häuser im Verhältnis zu den gegenüberliegenden Fenstern, die auf den gleichen Hof gehen, machen aus einem jeden den Rahmen, in dem eine Köchin mit gesenktem Blick vor sich hinträumt, oder in dem etwas weiter fort ein junges Mädchen sich die Haare kämmen lässt von einer Alten [...]. So bildet jeder Hof für den Nachbarn im nächsten Haus dadurch, dass das Geräusch durch den Zwischenraum unterbunden wird, mit den lautlosen Gesten, die er in einem Rechteck vor Augen führt, welches hinter den geschlossenen Fenstern unter Glas ruht, eine Ausstellung von hundert nebeneinander aufgereihten Bildern holländischer Malerei.

Verlässt man das Haus und tritt auf den von Platanen gesäumten Boulevard Malesherbes hinaus, so erblickt man rechts die

einem römischen Tempel nachempfundene Pfarrkirche Sainte-Marie Madeleine. Deren 1801 abgerissener Vorgängerbau befand sich unmittelbar gegenüber vom Wohnhaus der Prousts, an der Stelle der heutigen Nummer 8. Zu Marcels Zeiten gab es in diesem Eckhaus nicht nur eine Bäckerei, einen Juwelier und einen Damenfriseur. Damals wie heute steht dort eine Colonne Morris, eine französische Schwester der Litfaßsäule. In seinem Roman *Auf der Suche nach der verlorenen Zeit* beschreibt Proust, wie sein Alter Ego jeden Morgen zu dieser Anschlagsäule

Pfarrkirche Sainte-Marie Madeleine

Colonne Morris gegenüber dem Haus Boulevard Malesherbes Nr. 9

Marcel Proust als Schüler, 1887

rannte, *um zu schauen, was für Aufführungen angekündigt wurden.* Die *noch feuchten und von Leim gewellten Plakate* versetzten sein Herz in Aufruhr. *Nichts hätte selbstloser und beseligender sein können als die Träume, die jedes angekündigte Stück meiner Einbildungskraft schenkte und die für mich ihre Würze durch die Bilder erhielten, die sich unweigerlich gleichzeitig mit den Worten einstellten, aus denen der jeweilige Titel bestand.* Als Zehnjähriger absolviert Marcel eine private Grundschule, den sogenannten Cours Pape-Carpantier. Am 2. Oktober 1882 tritt er in die Quinta des 1803 gegründeten Lycée Fontanes ein, das nach mehreren Umbenennungen am 27. Januar 1883 seinen endgültigen Namen Lycée Condorcet erhielt. Oft verbringt er die Zeit nach dem Unterricht in den Anlagen der Champs-Élysées in der Nähe des damaligen Restaurant des Ambas-

Lycée Condorcet

sadeurs – später wird er hier seine ersten Mädchenbekanntschaften knüpfen.

Wenn ich es mir recht überlege, gesteht Proust rückblickend seiner Haushälterin Céleste Albaret, *so waren wir eine nette kleine Bande.* Dazu gehörten aus dem Lycée Condorcet Robert Dreyfus, Fernand Gregh, Robert de Flers, die Cousins Daniel Halévy und Jacques Bizet – *Carmens Sohn,* wie er von Marcel genannt wurde –, Henri de Rothschild, Louis-Georges de La Salle und Léon Brunschvicg. Teil der „Bande" waren aber auch Henri Barbusse sowie Léon Blum, Paul Bénazet und Maurice Herbette, die Proust im Zusammenhang mit seiner Mitarbeit an verschiedenen kurzlebigen Zeitschriftenprojekten kennenlernte.

Schon früh entdeckt Marcel seine Neigung zum Schreiben. So ist er Ende 1887 Mitbegründer von *Le Lundi,* einer im Lycée Condorcet zirkulierenden *Revue littéraire et artistique.* Als diese ihr Erscheinen einstellt, wird im Oktober des folgenden Jahres die *Revue verte* ins Leben gerufen. Proust fungiert als Sekretär des Herausgeberkomitees der lediglich zur *Unterhaltung*

In den Anlagen der Champs-Élysées: das ehemalige Restaurant des Ambassadeurs (links) und eines der historischen Toilettenhäuschen (rechts)

eines sehr begrenzten und gänzlich auserlesenen Kreises gedachten Zeitschrift, die nur einen Monat später von der *Revue lilas* abgelöst wird. Dort veröffentlicht er einen stark autobiographischen Text, der etwas von der nächtlichen Atmosphäre am Boulevard Malesherbes einzufangen versucht. Überschrieben hat Proust die wenigen Zeilen mit *Siebzehn Jahre. Elf Uhr abends. Oktober:*

In der großen stillen Wohnung sind alle zu Bett gegangen ... Ich öffne nochmals das Fenster, um ein letztes Mal das süße, falbe, beinahe ganz runde Gesicht des Freundes Mond wiederzusehen. Ich höre etwas wie den sehr frischen, kalten Atem aller schlafenden Dinge – den Baum, aus dem blaues Licht leckt, ein schönes blaues Licht, das in der Ferne am Ende einer Straßenflucht blaue, blasse Pflastersteine verklärt wie eine elektrisch beleuchtete Polarlandschaft. Darüber erstrecken sich die unendlichen blauen Felder, wo zerbrechliche Sterne blühen ...

Am 1. Oktober 1888 beginnt das letzte Schuljahr. Proust kommt in die Philosophieklasse von Marie-Alphonse Darlu. Das Verhältnis zu seinem Lehrer ist ambivalent. So erklärt er in einer Fußnote zu seiner 1906 abgeschlossenen Übersetzung von Ruskins *Sesame and Lilies*, dass der Moralphilosoph Darlu *der bewundernswerteste Lehrer war, den ich je gehabt habe, der Mann, der den größten Einfluss auf mein Denken ausgeübt hat.*

Einen ganz anderen Eindruck vermittelt allerdings eine Bemerkung in einem der Notizbücher: *Niemand außer Darlu hat Einfluss auf mich ausgeübt, und dieser Einfluss war schlecht.* Prousts Bruder Robert, der gleichfalls bei Darlu Unterricht hatte, erinnert sich vor allem an dessen „persönliche und intuitive Art, eine fast poetische Darstellungsweise". Sein Einfluss, so seine Meinung, „war sicherlich ebenso beträchtlich für ihn wie der von Paul Desjardins und später der von Bergson".

Am Arc de Triomphe

Mit Henri Bergson, der als einer der wichtigsten Philosophen der Zwischenkriegszeit gilt und 1927 den Nobelpreis für Literatur erhält, ist Proust zwar entfernt verwandt – seine Cousine Louise Neuburger heiratet Bergson am 7. Januar 1892 –, darüber hinaus gibt es jedoch keinerlei engere Beziehung. 1891/92 besucht Proust die Vorlesungen von Paul Desjardins an der École libre des sciences politiques. Als Proust stirbt, liefert auch Desjardins einen Artikel für die *Hommage à Marcel Proust* betitelte Ausgabe der *Nouvelle Revue Française.* Darin schreibt er: „Dieser junge persische Prinz mit den großen Gazellenaugen, den trägen Augenlidern; ehrerbietig, gewunden, anschmiegsam, ängstlich; ein Sucher von Genüssen, dem nichts langweilig war; irritiert über die Hemmnisse, die die Natur den Unternehmungen des Menschen in den Weg stellt; insbesondere des Menschen, der er selbst war, so fragil nämlich – wenn er sich bemüht, das Passive, das ihm als sein Los erschien, in etwas Aktives zu verwandeln; strebend nach dem *Mehr,* nach dem *Zuviel,* bis hin zu seiner bezaubernden Güte: dieses romantische Kind würde ich gerne zu seinem Andenken zeichnen."

Kleinere oder größere Übel

Um der regulären, auf fünf Jahre festgesetzten Wehrpflicht zu entgehen, meldet sich Proust nach dem Abitur als Einjährig-Freiwilliger. Als Soldat zweiter Klasse leistet er seinen Militärdienst in Orléans. Zurück in Paris immatrikuliert er – der weder Diplomat noch Anwalt werden will – sich Ende November 1890 sowohl an der Faculté de droit de Paris, der juristischen Fakultät der Sorbonne, als auch an der École libre des sciences politiques, der 1872 von Émile Boutmy in der Rue Saint-Guillaume gegründeten Hochschule für Politik und Volkswirtschaft.

Zeitgleich hält Proust seine ersten gedruckten Artikel in den Händen. Erschienen sind sie in der im Oktober 1890 gegründeten Zeitschrift *Le Mensuel*. Herausgeber ist Otto Bouwens van der Boijin, ein Kommilitone Prousts aus der École libre, der gemeinsam mit ihm und unter Verwendung zahlreicher Pseudonyme fast alles an Text liefert. Erst in der letzten, am 12. September 1891 veröffentlichten Ausgabe taucht Marcel als Verfasser des Artikels *Aus der Normandie* mit seinem vollständigen Namen auf.

Marcel Proust, um 1891

Anfang 1892 beteiligt sich Proust an einem neuen Zeitschriftenprojekt: *Le Banquet*. Ein Großteil der Gründungsmitglieder sind Ehemalige des Lycée Condorcet. Man trifft sich in der Librairie Rouquette, die sich in der aus der ersten Hälfte des 19. Jahrhunderts stammenden Passage de Choiseul befindet. Robert Dreyfus erinnert sich Jahrzehnte später: „*Le Banquet*, als Reaktion auf den Symbolismus gegründet, setzte sich zum Ziel, durch eine kluge Verschmelzung von Klassik und Romantik an die reine und kostbare französische Tradition anzuknüpfen." Proust liefert Studien und Rezensionen, befasst sich aber auch mit rechtswissenschaftlichen und philosophischen Fragen und veröffentlicht im Februar 1893 seine erste, Anatole France gewidmete Novelle *Violante oder die mondäne Welt*. Im März erscheint *Le Banquet* zum letzten Mal, Mitte des Jahres fusioniert sie mit der von den Gebrüdern Natanson gegründeten *Revue blanche* – zukünftig werden Prousts Beiträge hier ihren Platz finden.

Mon cher petit Papa, ich habe immer gehofft, Deine Erlaubnis für die Fortsetzung der literarischen und philosophischen Studien zu erhalten, für die ich mich geschaffen glaube. Aber da ich sehe, dass mit jedem Jahr nichts weiter als eine immer mehr aufs Praktische gerichtete Disziplin auf mich zukommt, will ich mich lieber gleich für eine dieser praktischen Laufbahnen entscheiden, die Du mir vorschlugst. Ich werde ernstlich darangehen, ganz nach Deiner Wahl, die Aufnahmeprüfung für den diplomatischen Dienst oder die Ecole des chartes vorzubereiten [...]. Es ist nicht so, dass ich nach wie vor alles außer der Beschäftigung mit Literatur und Philosophie für verlorene Zeit hielte. Aber unter mehreren Übeln gibt es kleinere und größere.

In der Passage de Choiseul lag die Librairie Rouquette, Treffpunkt der Mitarbeiter von *Le Banquet*.

Diplomat oder Rechtsanwalt – der Vater fordert eine Entscheidung. Nach bestandener Prüfung für die Licence en droit beginnt Proust im Spätherbst 1893 ein Praktikum in der Anwaltskanzlei von Gustave Brunet in der Rue des Petits-Champs. Doch er geht nur zwei Wochen dorthin, dann bricht er die Ausbildung ab. Er sucht Rat bei Charles Alfred Grandjean, dem verantwortlichen Leiter des nationalen Denkmalschutzes. Die beiden hatten sich kurz zuvor im Salon von Princesse Mathilde kennengelernt, der Tochter von Napoléons jüngstem Bruder Jérôme Bonaparte. Vier Wochen lang diskutiert man brieflich darüber, ob sich Proust für *eine Anbindung als unentgeltlicher Mitarbeiter* in einem der Pariser Museen bewerben oder doch lieber eine Stelle als *Redakteur im Senat* ins Auge fassen sollte. Wäre ein Posten am Rechnungshof das Richtige? Oder eine *Laufbahn, deren Namen ich nicht kenne, die zu einer Inspektorenstelle bei den Beaux-Arts führt und die in der Zwischenzeit aus Aufträgen besteht wie zum Beispiel der Berichterstattung über verschiedene Ausstellungen, Aufführungen usw.?* Schlussendlich überzeugt Marcel seine Eltern davon, dass er seinen eigentlichen Interessen nachgehen darf. In den kommenden Monaten wendet er sich vor allem der Philosophie zu. Bei seinem ehemaligen Lehrer Marie-Alphonse Darlu nimmt er Privatstunden, an der Sorbonne hört er die Vorlesungen von Victor Émile Egger. Ende März 1895 besteht er als 23. seines Jahrgangs die Prüfungen für die Licence ès lettres, das Lizentiat für Philosophie.
Am 29. Mai 1895 beteiligt sich Marcel Proust an einem Auswahlverfahren für den Posten eines „Attaché" an der Bibliothèque Mazarine, der ältesten öffentlichen Bibliothek Frankreichs. Als einer von drei unbezahlten Bibliotheksbeigeordneten – denn um nichts anderes handelt es sich bei der Stelle – wird er zum 1. August angestellt. Sein Dienstort ist das Dépôt légal, die dem Bildungsministerium unterstellte Abgabestelle für Pflichtexemplare. Sie befindet sich in der Rue de Grenelle, nur wenige hundert Meter vom Hauptsitz der Bibliothek am Quai Conti entfernt. Die Arbeitszeit beträgt fünf Stunden täglich, gefordert ist eine persönliche Anwesenheit an mindestens zwei Tagen pro Woche. Prousts Diensteifer hält sich allerdings in Grenzen. Durch Vermittlung des Vaters und auf Druck einflussreicher Persönlichkeiten gewährt man ihm

Institut de France, Sitz der Bibliothèque Mazarine

bereits vor dem offiziellen Dienstbeginn eine zweimonatige Auszeit. Auf Grund seines Asthmas und entsprechender ärztlicher Atteste erscheint er auch in den nächsten Monaten nur ab und an zum Dienst. Als eine Inspektion im Februar 1900 seine häufige Abwesenheit hinterfragt, fordert ihn Chefbibliothekar Alfred Franklin auf, unverzüglich den Dienst anzutreten. Doch der mit anderen Dingen beschäftigte Proust leistet dem nicht Folge. Zwei Wochen später, am 1. März 1900, teilt ihm das Ministerium mit, dass er mit sofortiger Wirkung als entlassen gilt – seine Nicht-Tätigkeit hat ein Ende.

Der eitle Schaum eines bewegten Lebens

Zu der Zeit, als sich Marcel um eine Stelle in der Bibliothèque Mazarine bewirbt, ist er mit den letzten Arbeiten für seine erste größere Veröffentlichung beschäftigt: *Les plaisirs et les jours* (*Freuden und Tage*) erscheint am 12. Juni 1896 im Pariser Verlag Calmann-Lévy. Die für ihre Rosen-Stillleben bekannte Malerin Madeleine Lemaire – Proust verkehrte seit 1892 in ihrem Salon – lieferte die Illustrationen. Dem Band beigegeben waren außerdem vier Kompositionen für Klavier von dem aus Caracas stammenden, seit 1878 in Paris lebenden Reynaldo Hahn. Proust hatte ihn im Mai 1894 bei Madeleine Lemaire kennengelernt. Obwohl die anfangs amouröse Beziehung im

Reynaldo Hahn, 1898

Sommer 1896 zerbrach, blieben die beiden zeitlebens verbunden. Aus stürmischer Liebe wurde innige Freundschaft.

Das Buch – eine mehr als 50 Texte umfassende Zusammenstellung seiner für ihn wichtigsten, zumeist in *Le Banquet* beziehungsweise in der *Revue blanche* publizierten Beiträge – wird eingeleitet von einem bereits vor dem Erscheinungstermin im *Figaro* und im *Gaulois* veröffentlichten Vorwort des späteren Literaturnobelpreisträgers Anatole France. France, den Proust seit seiner Schulzeit verehrte und dem er 1889 vorgestellt wurde, antwortet darin eingangs auf die von ihm selbst gestellte Frage, warum er die „durchaus unnötige Aufgabe" übernommen habe, dieses Erstlingswerk „dem neugierigen Leser darzubieten": „Sein Buch ist gleich einem jungen Antlitz voll seltenen Zaubers und feiner Anmut. Es empfiehlt sich ganz alleine, spricht für sich selbst und bietet sich dar, ob es will oder nicht." Für Proust hingegen, so formuliert dieser es in seinem einleitenden Widmungstext, sind die Seiten des Buches nicht mehr als *der eitle Schaum eines bewegten Lebens, das sich jetzt aber beruhigt.*

Kaum ein Kritiker kann mit dem Buch etwas anfangen. Die Verkaufszahlen sind bescheiden. Im Jahr 1903 erreicht Proust ein Brief des Kritikers und Romanciers Edmond Jaloux. Darin erinnert sich dieser an seine erste Lektüre von *Les plaisirs et les jours.* Marcel reagiert sichtlich bewegt: *Ich bin stets ein wenig verwundert, wenn ich erfahre, dass jemand die* Freuden und Tage *gelesen hat. Mein Verleger hat mir versichert, noch nie habe einer dieses Buch verlangt. Er muss also wohl leicht übertreiben.* Mitnichten. „Ich muss Ihnen gestehen," so bilanziert Gaston Calmann-Lévy im Juni 1918, „dass mir von der Auflage von 1.500 Exemplaren [hinzu kam eine auf 50 Stück limitierte Luxusausgabe] insgesamt 1.100 in Druckbogen und 71 gebundene übrigbleiben, das heißt eine Gesamtzahl von 1.171 Exemplaren" – 329 Bücher in 22 Jahren, etliche davon hat der Autor verschenkt. Schuld an diesem verlegerischen Desaster war gewiss auch der für die damalige Zeit exorbitante Preis von 13,50

Francs, kostete doch ein Buch ansonsten im Durchschnitt 3 Francs.
Im August 1895 bricht Proust gemeinsam mit Reynaldo Hahn nach Dieppe auf, wo sie Madeleine Lemaire für drei Wochen in ihrem Haus beherbergt. Von dort geht es weiter in die Bretagne. Nach einem Abstecher auf die größte bretonische Insel, die südlich von Lorient gelegene Belle-Île-en-Mer, findet sich ein Quartier in einem kleinen, abseits gelegenen Fischerdorf an der Küste der Cornouaille mit Blick auf Concarneau.

[...] ich bin in einer Gegend, in der man kein Papier bekommt. Der Ort nennt sich Beg Meil, Apfelbäume wachsen bis zum Meer herab, und der Geruch des Cidre vermischt sich mit dem des Tangs. Diese Mischung von Poesie und Sinnenlust ist ganz nach meinem Sinn.

Vom 6. September bis zum 27. Oktober logieren die beiden im Grand Hôtel. In diesen Wochen reift der Plan für ein neues Buch: *Jean Santeuil. Darf ich dieses Buch einen Roman nennen?* Proust ist unsicher. *Es ist vielleicht weniger und doch weit mehr, die Essenz meines Lebens, unverfälscht eingefangen in jenen Stunden des Aufbrechens, in denen sie dem Innern entströmt.* Vier Jahre lang versucht er, die stetig anwachsende Sammlung von Notizen zu einem Ganzen zu formen. Im Herbst 1899 legt Proust das Manuskript zur Seite. Ein Jahrzehnt später wird er sich noch einmal daran versuchen, schließlich nutzt er die Aufzeichnungen als Ideenreservoir für die *Recherche.*

John Ruskin, 1894

Das Romanprojekt ist vorerst gescheitert. Doch Proust hat sich bereits einem neuen Gegenstand zugewandt. Die erste, die davon erfährt, ist Reynaldo Hahns in Manchester geborene und aufgewachsene Cousine, die Malerin und Bildhauerin Marie-Louise Nordlinger: *Seit ungefähr zwei Wochen beschäftige ich mich mit einer kleinen Arbeit, die vollkommen anders ist als das, was ich normalerweise treibe, einer Arbeit über Ruskin und bestimmte Kathedralen.*
In dem von seinem Lehrer Paul Desjardins redigierten Bulletin der *Union pour l'action morale* waren die ersten Übersetzungen von Ruskin-Texten publiziert worden, die offen-

bar auch Proust zur Kenntnis nahm und die ihn zur intensiven Beschäftigung mit dem Werk des britischen Kunsthistorikers und Sozialphilosophen anregten. Dabei vollzog sich ein Wandlungsprozess von einer *anfangs etwas künstlichen* hin zu einer *später tief verwurzelten Leidenschaft für Ruskins Denken.* Als John Ruskin im Januar 1900 stirbt, verfasst Proust einen mit „M. P." gezeichneten Nekrolog, der am 27. Januar in der *Chronique des arts et de la curiosité* veröffentlicht wird. Darin heißt es unter anderem:

> Nietzsche ist wahnsinnig, Tolstoj und Ibsen scheinen am Ende ihrer Laufbahn angelangt; einen nach dem anderen verliert Europa seine großen „Seelenverführer". Ein Seelenverführer seiner Zeit, das war Ruskin gewiss, er war aber auch ihr Geschmackslehrer, weihte sie ein in jene Schönheit, die Tolstoj im Namen der Moral missbilligt und mit der Ruskin alles poetisiert hat, selbst die Moral.

Doch damit nicht genug. Am 13. Februar erscheint im *Figaro* der Artikel *Pèlerinages Ruskiniens en France*, in der April-Ausgabe des *Mercure de France* wird Prousts Studie *Ruskin à Notre-Dame d'Amiens* publiziert, und auch die *Gazette des Beaux-Arts* bringt eine entsprechende Würdigung. Marcel Proust folgt Ruskins Spuren in Amiens, Rouen und Venedig. Und er übersetzt zwei von dessen Büchern: *La bible d'Amiens* (1904) sowie *Sésame et les lys* (1906). Unterstützt wird er dabei vor allem von Marie-Louise Nordlinger.

Abschied vom Boulevard Malesherbes

Am 15. April 1900 öffnete die fünfte, ganz im Zeichen der Elektrifizierung stehende Pariser Weltausstellung ihre Pforten. Zur selben Zeit hofften Prousts Eltern, in eine standesgemäßere Wohnung umziehen zu können. Bei dem zunächst in Augenschein genommenen Objekt – es handelte sich um eine Wohnung in der Nr. 127 des Boulevard Haussmann – gab es nur ein Problem: Marquis de Réaux, der Hausbesitzer, wollte weder einen Anwalt noch einen Arzt als Mieter. Selbst dann nicht, wenn ein solcher, wie Prousts Vater, sich ausschließlich der Forschung widmete und keine Patienten empfing.
Ein paar Monate später sind endlich passende Räumlichkeiten gefunden. Nach fast drei Jahrzehnten am Boulevard Males-

Tor zum Parc Monceau, Rue de Monceau

herbes – nirgends lebte Marcel Proust länger – wechselt die Familie in die nahe dem Parc Monceau gelegene Rue de Courcelles. An der Kreuzung mit der Rue de Monceau war in den 1880er Jahren ein aus mehreren Häusern bestehendes Ensemble errichtet worden, geplant von dem Pariser Architekten Alfred Fasquelle. Bestimmt wurde das Ganze durch ein repräsentatives, den Blick wegen seiner Rotunde auf sich ziehendes Eckgebäude: Rue de Courcelles Nr. 45. Im 2. Stock dieses Hauses – *mit hallendem Flurgewölbe und breit ausladender Treppe* –

Rue de Courcelles
Nr. 45

bezieht Familie Proust am 15. Oktober 1900 eine der Firma Le Phénix gehörende, etwa 300 m^2 große Wohnung.
Marcel entflieht all den Unannehmlichkeiten, die der Ortswechsel mit sich bringt. Wenige Monate zuvor hatten er und seine Mutter zum ersten Mal Venedig besucht, *um vor dem Sterben in den verfallenden, aber noch stehenden und rosafarbenen Palästen den Vorstellungen Ruskins über die Wohnarchitektur des Mittelalters nahezukommen, sie zu berühren und verkörpert zu sehen.* Kurz vor dem Umzugstermin reist er erneut für zwei Wochen in die Lagunenstadt – an den Ort, der Paris hier und da zu gleichen scheint.

An seine Armenviertel nämlich erinnern gewisse Armenviertel von Paris des Morgens mit ihren hohen, sich trichterförmig erweiternden Schornsteinen, denen die Sonne lebhafte rosige oder lichtrote Töne verleiht; ein ganzer Garten blüht dann über den Häusern auf, und zwar in so vielfältigen Nuancen, dass man meinen möchte, über der Stadt habe ein Tulpenliebhaber aus Delft oder Haarlem seinen Garten angelegt.

Zurückgekehrt nach Paris, stellt er fest: Die Lage der neuen Wohnung ist ideal. In unmittelbarer Laufweite befinden sich einige der von ihm regelmäßig besuchten Salons. Nur fünf Minuten benötigt er bis zum Haus des rumänischen Fürsten Alexandre Bibesco, dessen Söhne Antoine und Emmanuel er im Jahr zuvor kennengelernt hat. Bis zu ihrem Tod im Jahre 1902 lädt Hélène, die Frau des Fürsten, regelmäßig in die Rue de Courcelles Nr. 69 ein. Claude Debussy, Gabriel Fauré und Charles Gounod gehören ebenso zu ihren Gästen wie Aristide Maillol, Anatole France oder Ernest Renan. Etwa gleich weit ist es bis zur Princesse Mathilde, die seit 1871 in der Rue de Berri wohnt. Proust, der die Prinzessin seit 1891 kennt, veröffentlicht im Mai 1903 im *Figaro* einen seine Anonymität bewusst wahrenden, lediglich mit „Dominique" gezeichneten Artikel. Er ist vor allem der Versuch, das Besondere und die außergewöhnliche Atmosphäre ihres Salons einzufangen.

Adrien und Robert Proust auf dem Balkon der Wohnung in der Rue de Courcelles

Sie geht von einem zum andern, begrüßt die Neuankömmlinge, mischt sich unter alle Gruppen, hat für jeden ein besonderes, persönliches Wort, das diesen alsbald, wenn er nach Hause zurückgekehrt ist, glauben machen wird, er habe im Mittelpunkt der Soirée gestanden.

Und schließlich ist da der nur gut einhundert Meter von der elterlichen Wohnung entfernt liegende Salon der in Südfrankreich als Tochter eines Generals geborenen Malerin Madeleine Lemaire, sicherlich eine der bedeutendsten Gastgeberinnen der Belle Époque. Zu den Abendgesellschaften, die *scheinbar die allumfassende Erneuerung und das berauschte Erblühen des Flieders begleitend oder herbeiführend* von April bis Juni in ihrem Atelier stattfinden, kommt jedes Mal ein endlos scheinender Besucherstrom ins Haus. Oft genug blockieren die Kutschen die angrenzenden Straßen, und ein Teil der Gäste muss mit einem Platz im Garten vorliebnehmen. *Fliederhof und Rosenatelier* hat Proust den ihr gewidmeten, gleichfalls anonym

Das Palais von Madeleine Lemaire in der Rue de Monceau

im *Figaro* veröffentlichten Artikel überschrieben, der ganz im Ton von Balzac eingangs eine Beschreibung ihres Hauses gibt:

Madeleine Lemaire, 1891

Etwa dort nämlich, wo die Rue Monceau sich der Rue Courcelles nähert, wird dem Auge angenehm geschmeichelt und der Verkehr ziemlich erschwert durch eine Art kleines Palais, von wenig hohen Ausmaßen, das in Missachtung aller Regeln des Straßenbauamtes sich anderthalb Fuß über das Trottoir der Straße vorschiebt [...]. Trotz der geringen Ausmaße des Palais [...] spürt man sofort, dass der Eigentümer eine jener seltsam mächtigen Personen sein muss, vor deren Launen oder Bräuchen alle Mächte sich beugen müssen, für die Verordnungen der Polizeipräfektur und Entscheidungen des Gemeinderates toter Buchstabe bleiben ...

Allein und ohne Ziel

Am 26. November 1903 stirbt der Vater. Zwei Tage zuvor hatte er in einer Toilette der École de médecine einen Schlaganfall erlitten. Die Trauerfeierlichkeiten finden unter großer Anteilnahme der Öffentlichkeit statt, der *Figaro* veröffentlicht auf der ersten Seite einen Nachruf. Bestattet wird Adrien Proust auf dem größten Pariser Friedhof, dem Cimetière du Père-Lachaise. Das für den Grabstein bestimmte, nach der späteren Umgestaltung der Familiengrabstelle am Geburtshaus in Illiers angebrachte Bronzerelief mit dem Bildnis des Vaters wird 1904 von Marie-Louise Nordlinger gefertigt.
In einem Brief an die von ihm geschätzte und seit Längerem zu seinem Bekanntenkreis zählende Schriftstellerin Anna de Noailles klagt Proust kaum eine Woche später:

> Sie sollten nicht mich bedauern, Madame, obwohl ich sehr unglücklich bin, sondern meine arme Mama. Ich wage nicht, mir ernsthaft *vorzustellen*, wie ihr Leben sein wird, wenn ich bedenke, dass sie den einzigen Menschen, für den sie lebte (ich kann nicht einmal sagen: den sie liebte, denn seit dem Tod ihrer Eltern war jedes andere Gefühl der Zuneigung so viel schwächer im Vergleich dazu), niemals wiedersehen wird. Sie hat ihm, bis zu einem Punkt, der jedem, der es nicht selbst gesehen hat, fast unglaublich erscheinen muss, jede Minute ihres Daseins geschenkt.

Marcel und Robert Proust mit ihrer Mutter, 1892

Nicht einmal zwei Jahre darauf verliert Marcel Proust auch seine Mutter. Seit Langem war ihre Gesundheit angegriffen. 1898 musste sie sich einer größeren Operation unterziehen, mehrere Kuraufenthalte folgten. Mit nur sechsundfünfzig Jahren stirbt sie am 26. September 1905 an Nierenversagen, zwei Tage später wird sie neben ihrem Mann beigesetzt.
Die Mutter bleibt allgegenwärtig. *Ich bin,* schreibt er, *in einige Zimmer gegangen, die ich aus Zufall nie aufgesucht habe, und ich habe unbekannte Bereiche meines Kummers erkundet, der sich immer unendlicher ausbreitet, je weiter ich vordringe.* Und an anderer

Im Parc Monceau

Stelle heißt es: *Da ist ein Stück Parkett dicht am Zimmer von Mama, über das man nicht gehen kann, ohne dass es knarrt, und Mama, die es sofort hörte, gab mir mit dem Mund jenes kleine Zeichen, das hieß: Komm, gib mir einen Kuss!*
Um mit der Situation fertig zu werden, verbringt er mehrere Wochen im Privatsanatorium des Neurologen Paul Sollier in Boulogne-sur-Seine. Zurück in Paris denkt er über eine räumliche Veränderung nach. Der Mietvertrag in der Rue de Courcelles läuft noch bis zum 30. September 1906, doch Marcel will die ihm fremdgewordene Wohnung nicht übernehmen – er flüchtet. Sein Bruder Robert bewerkstelligt die Haushaltsauflösung.
Derweil hält sich Proust wahrscheinlich auf Vorschlag von Reynaldo Hahn vom 6. August an im Hôtel des Réservoirs in Versailles auf. Fast fünf Monate wohnt er dort. Zunächst bezieht er *ein riesiges Prachtappartement*, das mit seinen Ölbildern, Tapetenbehängen und großen Stehspiegeln allerdings sehr *trist, düster und kalt* ist. Es ist ein *Appartement im historischen Stil, von der Art jener Stätten, an denen der Fremden-*

führer einem erzählt, hier sei Karl IX. gestorben, auf die man einen flüchtigen Blick wirft, um eiligst weiterzugehen, damit man draußen das Tageslicht, die Wärme und die wohltuende Gegenwart wieder genießen kann. Auf seine Frage, *ob die Kamine nicht qualmten*, versichert ihm das Hotelpersonal: *nein, was, jesuitisch gesprochen, wahr ist; tatsächlich, wenn man Feuer anzün-*

Versailles,
Hôtel des Réservoirs,
1751 für Madame de
Pompadour errichtet
(historische Postkarte)

det, dann qualmt zwar der Kamin, den man anzündet, nicht, doch in derselben Sekunde beginnen alle anderen derart zu rauchen, dass das Appartement nur noch eine einzige Wolke darstellt. Prompt erkrankt Proust und wird noch dazu gezwungen – *erbarmungslos, trotz meines Fiebers* –, in ein Nebengebäude des Hotels umzuziehen. Das gesellschaftliche Leben findet in den nächsten Wochen ohne ihn statt. *In Versailles*, so erfährt die mit Prousts Mutter vormals eng befreundete Marie-Marguerite Catusse im Oktober 1906, *habe ich weder das Schloss noch das Trianon ein einziges Mal sehen können.*

Die Wohnung in der Rue de Courcelles hat er aufgegeben – doch wo soll Proust zukünftig wohnen? Wochenlang sind seine Freunde für ihn unterwegs, arbeiten die ihnen von Marcel übergebenen Listen mit Adressen ab und liefern ihm detaillierte Berichte zu den einzelnen Objekten. Und Proust selbst? Er zögert, hat Angst und resigniert: *meine in die Wege geleiteten und dann im Moment der Unterzeichnung rückgängig gemachten Mietvereinbarungen haben mir den ganzen Schlaf geraubt.* Doch der wahre Grund dafür, dass sich die Suche so schwierig gestaltet, ist ein anderer: *Ich habe mich nicht dazu entschließen können, ohne Übergang in einem für Mama wildfremden Hause zu wohnen, und habe für dieses Jahr die frühere Wohnung meines Onkels* – gemeint ist Louis Weil, der Großonkel mütterlicherseits – *102, Boulevard Haussmann, als Untermieter übernommen, wohin ich mit Mama einige Male zum Abendessen ging, wo ich meinen Onkel in dem Zimmer habe sterben sehen, das fortan das meine wird, dessen goldene Verzierungen auf einer fleischfarbenen Wand aber, dessen Staub durch das Stadtviertel, dessen ständiger Lärm, bis hin zu den gegen die Fenster gedrückten Bäumen – ohne diese Erinnerungen offensichtlich äußerst wenig der Wohnung entsprechen, nach der ich suchte!* Also doch nur ein Kompromiss. So wie sein Bruder Robert und Amélie, die Frau seines Onkels Georges, ist Marcel auf Grund der Erbfolge Miteigentümer des Hauses – was die Entscheidung aber nicht einfacher macht. *Wenn ich dort nicht bleiben kann, werde ich wieder ausziehen. Auch ist die Wohnung für eine ständige Bleibe zu teuer.* Obwohl zu teuer, wird Proust hier bis zum Jahre 1919 wohnen.

Boulevard Haussmann Nr. 102, heute Sitz einer Bank

Ein neues Zuhause

Marcel Proust, um 1896

Am 8. Oktober 1906 unterzeichnet Proust zunächst einen Einjahresvertrag für die über dem Zwischengeschoss in der ersten Etage gelegene Sechszimmerwohnung. Seine Vermieter sind – was paradox erscheinen mag – sein Bruder Robert und Tante Amélie als Haupteigentümerin. *Dieses Jahr,* kann er stolz verkünden, *habe ich sie relativ günstig bekommen, da ich sie von einer Mieterin in Untermiete übernahm, die sie bezahlte, ohne dort zu wohnen.* Doch Proust kommen Zweifel. Er fürchtet, dass ihm *die Akklimatisierung an den Boulevard Haussmann anfangs schwerfallen wird.* Und so entscheidet er sich, vorerst in Versailles zu bleiben – wo er sich im Spätherbst 1908, *mehr denn je von unaufhörlichen Erstickungsanfällen gefoltert,* noch einmal für fünf Wochen im Hôtel des Réservoirs aufhalten wird –, zumal am Boulevard Haussmann nicht nur die Instandsetzungsarbeiten andauern.

Und jetzt, da ich gerade umziehen will, vermietet man das Zwischengeschoss an einen Herrn, der mit Lärm verbundene Arbeiten ausführen lassen will, so dass ich nicht weiß, wie lange ich noch dazu verdammt bin, hier in Kälte, Feuchtigkeit und Dunkelheit auszuharren, die ich teuer bezahlen muss, während ich für meine Pariser Wohnung völlig unnötig zahle.

Schließlich ist es soweit. Am 27. Dezember 1906 bezieht Marcel Proust die erste eigene Wohnung. Félicie Fiteau sowie Jean Blanc, beide ehemalige Angestellte seiner Eltern, sind für alle im Haushalt anfallenden Arbeiten zuständig. Vom darauffolgenden Jahr an werden diese Aufgaben von Nicolas Cottin – auch er hatte zeitweise bei den Eltern gedient – und dessen Frau Céline übernommen.
Zu den Hausbewohnern gehört der Mediziner Dr. Émile-Charles Gagey, der mit Frau und Tochter das Zwischengeschoss bewohnt. Hinzu kommen zwei Zahnärzte, deren Praxisräume direkt über Prousts Wohnung liegen: Dr. Wittig und ab Novem-

ber 1908 der Amerikaner Dr. Charles D. Williams, der für sich und seine künstlerisch veranlagte Frau zudem die 3. Etage angemietet hat. Außerdem befinden sich im Erdgeschoss das Schreibwarengeschäft von Mademoiselle Ludlow sowie der Antiquitätenladen von Monsieur Martin-Schrameck. Die „guten Geister" des Hauses sind der Concierge Antoine Bertholhomme und dessen Frau, die von allen nur „Madame Antoine" genannt wird.

Gedenktafel am Haus Boulevard Haussmann Nr. 102

Die von Marcel Proust bewohnten Räumlichkeiten umfassen einen großen und einen kleinen Salon, ein Ess-, ein Arbeits- sowie ein Schlafzimmer. Die Möbel stammen aus der Rue de Courcelles. Was sich nicht unterbringen lässt, wird bei der Firma Bailly am Place Saint-Sulpice eingelagert. Den Mittelpunkt der Wohnung bildet Prousts Schlafzimmer: vier Meter hohe Wände, zwei große, doppelt verglaste und stets hermetisch verschlossene Fenster. Vor den Fenstern die aus Auteuil stammenden empireblauen, dick gefütterten Vorhänge, die bereits in der Rue de Courcelles Verwendung gefunden hatten. Angeregt von Anna de Noailles und ausgeführt nach Plänen des Architekten Louis Parent sorgt die Korkverkleidung der Wände ab dem Spätsommer 1910 für einen zusätzlichen Schallschutz – nicht nur wegen der Nachbarschaft, sondern vor allem wegen der unter Prousts Fenstern vorbeifahrenden, zwischen Madeleine und Bois de Boulogne verkehrenden Straßenbahnlinie 16.

Schon frühmorgens, den Kopf noch der Wand zugekehrt und ohne auch nur die Tönung des Lichtstreifens über den großen Vorhängen am Fenster wahrgenommen zu haben, wusste ich, wie das Wetter war. Die ersten Straßengeräusche hatten es mir mitgeteilt, je nachdem ob sie von Feuchtigkeit gedämpft oder gebrochen zu mir drangen oder wie schwirrende Pfeile im hallenden, leeren Raum eines weiten, eisigen und klaren Morgens; schon beim Rollen der ersten Straßenbahn hatte ich gehört, ob sie im Regen fröstelte oder aufbrach in azurne Bläue.

Zum Mobiliar des Schlafzimmers gehören zwei drehbare Bücherschränke, ein großer Schreibtisch, ein chinesisches Schränkchen mit Photographien darauf, ein Spiegelschrank, das Nähtischchen und der Flügel seiner Mutter, schließlich eine Kommode, auf der die Hefte mit der ersten Fassung der *Recherche* liegen – man kann sich in dem Raum kaum bewegen. Einzige

Musée Carnavalet: Rekonstruktion von Prousts Zimmer in der Rue Hamelin

Lichtquelle ist eine kleine Nachttischlampe mit grünem Lampenschirm. Kommen Besucher, können sie auf einem Sessel oder dem Klavierhocker Platz nehmen. Prousts Messingbett steht der Länge nach gegenüber den beiden Fenstern, am Kopfende findet sich ein fünfteiliger, mit chinesischen Motiven bemalter Paravent, neben dem Bett stehen drei kleine Tischchen mit all jenen Dingen, die er für seine Arbeit, gegen sein Asthma und für das Alltägliche benötigt.

Der mit Proust befreundete Lucien Daudet, Sohn des durch seine *Briefe aus meiner Mühle* berühmt gewordenen Schriftstellers Alphonse Daudet, in dessen Wohnung in der Rue de Bellechasse und später in der Rue de l'Université man sich ab Dezember 1894 regelmäßig traf, schilderte die räumliche Situation am Boulevard Haussmann wie folgt: Marcel musste vom Bett aus „in diagonaler Richtung den eintretenden Besucher sehen können, das Tageslicht musste von links einfallen – wenn es zufällig eingelassen wurde –, und von links musste auch die Wärme des Kamins kommen, an der stets bemängelt wurde, dass sie zu stark oder zu schwach sei".

Es gab mir einen Stich ins Herz, dass das Haus am Boulevard Haussmann kürzlich verkauft worden ist, und zwar sehr schlecht. Ich habe acht Tage Zeit, ein höheres Angebot zu machen, da aber der Käufer meine Tante ist, wage ich es nicht!

Ursprünglich hatte Amélie Weil zwar angekündigt, aus dem Miteigentum austreten zu wollen, und für den Verkauf der Immobilie plädiert – doch das war nur ein Täuschungsmanöver, das Marcel und Robert nicht durchschauten. Bei der für den 8. November 1907 angesetzten Versteigerung erwirbt die erfahrene Geschäftsfrau die Anteile der beiden Brüder und ist zwei Jahre nach dem Tod ihres Mannes Georges somit alleinige Besitzerin des Hauses. Was zu diesem Zeitpunkt keiner ahnt: Prousts Rücksichtnahme wird ihm zwölf Jahre später zum Verhängnis werden.

Das Jahr der Wende

Nach langanhaltenden starken Regenfällen war der sonst bei knapp 4 Metern liegende Pegel der Seine ab Mitte Januar 1910 kontinuierlich gestiegen und erreichte am 28. des Monats mit 8,62 Meter seinen Höchststand. Zwölf der zwanzig Pariser Arrondissements wurden überschwemmt, rund 20.000 Gebäude standen unter Wasser, die Métro musste in weiten Teilen der Hauptstadt ihren Verkehr einstellen. Als das Wasser langsam abfloss, begann das Aufräumen.

Hochwasser 1910: Boulevard Haussmann, Ecke Rue d'Anjou, nahe Prousts Wohnung (historische Postkarte)

Traditionskaufhaus Printemps, Boulevard Haussmann

Fast ist es ein Zufall, dass es mir so schlecht geht, die Überschwemmung hat nicht enden wollende Arbeiten zur Folge gehabt, wie z.B. die Wiederinstandsetzung der Keller, der Hauskanalisation, und da es jetzt abgetrocknet ist, werden morgen, Montag, die Hauptarbeiten beginnen.

Proust leidet unter den damit einhergehenden Beeinträchtigungen. Die für das Trocknen und Desinfizieren des Mauerwerks verwendeten Mittel lösen bei ihm Asthmaanfälle aus, gegen die nichts helfen will. Hinzu kommt von allen Seiten der Lärm. In den Geschäften und im Souterrain müssen die Dielen und das Parkett erneuert werden. *Diese Hammerschläge erforderten täglich aufs neue Veronal, Opium, usw., und da ich Eiweiß ausscheide, bringt das tausendfältige Übel mit sich.*
Erst in der zweiten Märzhälfte normalisiert sich die Lage. „Fluctuat, nec mergitur" – so lautet seit 1853 die von den Handelsschiffern übernommene Maxime auf dem Pariser Wappen: Die Stadt hatte geschwankt, war jedoch nicht untergegangen. Noch während das Hochwasser in den Straßen steht, besucht

Galeries Lafayette, Boulevard Haussmann

Proust *wie eine Mumie verkleidet* die Generalprobe von *La Fête chez Thérèse* in der Opéra Garnier. Die Musik zu der Ballett-Pantomime hat sein Freund Reynaldo Hahn komponiert. Marcel ist begeistert. Die für den 16. Februar 1910 angesetzte Premiere wird zu einem großen Erfolg, was Proust umso mehr freut, da man Hahn *immer so wenig Gerechtigkeit* hat *widerfahren lassen, jedenfalls in Paris.*

Am 11. Juni folgt er einer Einladung der Comtesse Élisabeth Greffulhe ins Théâtre du Châtelet. In der Rue d'Astorg führt die Tochter des ehemaligen belgischen Außenministers einen der mondänsten, von Proust allerdings nur selten besuchten Salons. In ihrer Eigenschaft als Präsidentin der *Société des grandes auditions musicales de France* ist sie zudem an der Organisation von Opernaufführungen und Orchesterkonzerten beteiligt. Hinzu kommt ihre mäzenatische Unterstützung der 1909 von dem russischen Impresario Sergej Djagilew gegründeten Ballets Russes, die im Sommer 1910 mit zwei Inszenierungen in der Choreographie von Michel Fokine in Paris gastieren. *Ich spüre,* lässt Proust sie wissen, *dass der Gedanke, der*

Sylphide *in der Loge der Sylphide beizuwohnen* und Cléopâtre *bei der Königin, die die ägyptische Königin weit hinter sich lässt, mir die Schnellkraft russischer Tänzer verleihen und mich meinem Bett, das ich so lange nicht verlassen habe, bis hin zur Opéra entspringen lassen wird.*

Aus Sicht von Robert Proust vollzog sich im Verlaufe des Jahres 1910 eine grundlegende Veränderung in der Lebensweise seines Bruders. Hatte dieser trotz seines sich stetig verschlechternden Gesundheitszustands bis dato ein ziemlich mondänes

Operá Garnier

Dasein geführt, so begann jetzt „ein Leben des Verzichts, ein wahrhaft asketisches oder klösterliches Leben". Er lebte, so heißt es in der 1923 von Robert veröffentlichten *Hommage à Marcel Proust,* „inmitten seiner Notizhefte; er ging fast nie mehr aus und errichtete dieses erstaunliche Werk, an dessen Vollendung ihm so viel lag".

Auch wenn sich Marcel Proust zunehmend aus der Öffentlichkeit zurückzog, so nahm er doch regen Anteil am Pariser Gesellschaftsleben. Da gab es Gespräche mit gelegentlichen Be-

Séparée im Lapérouse, ein Lieblingsrestaurant von Marcel Proust

Das Lapérouse
am Quai des Grands
Augustins

suchern, er unterhielt eine umfangreiche Korrespondenz und er las Zeitung – und nicht nur eine. Zur morgendlichen Lektüre gehörten, daran wird sich seine Haushälterin Céleste Albaret erinnern, *Le Figaro, Le Journal des Débats, Le Temps, Le Mercure de France, La Revue de Paris, La Nouvelle Revue Française* und noch einige andere.

Zudem eröffnete ihm das 1881 auf der Ersten Internationalen Elektrizitätsausstellung vorgestellte Théâtrophone die Möglichkeit, über das Fernsprechnetz Opernaufführungen und Konzerte aus verschiedenen Pariser Spielstätten von seinem Bett aus zu verfolgen. So hört Proust, der seit Anfang 1911 zu den Abonnenten des Théâtrophone zählt, es wegen der akustischen Unzulänglichkeiten aber nur selten nutzt, am 20. Februar den 3. Akt von Wagners Oper *Die Meistersinger von Nürnberg.* Tags darauf verfolgt er die vollständige Aufführung von Claude Debussys *Pelléas et Mélisande* in der Opéra-Comique. Für ihn *eine reizende Offenbarung,* die ihn *sogar ein wenig tyrannisiert.* In den kommenden Wochen wird Proust die vom Komponisten als „Drame lyrique" bezeichnete Oper noch einige

Male hören. *Jeden Abend*, lässt er Antoine Bibesco wissen, *an dem das aufgeführt wird, stürze ich mich auf dieses Gerät, so krank ich auch sein mag.* Eine ganz andere Erfahrung macht er allerdings beim Besuch der Generalprobe zur Uraufführung von Debussys *Le Martyre de Saint Sébastien* am 21. Mai 1911 im Théâtre du Châtelet. Die Musik, so schildert er es Reynaldo Hahn, sei zwar *angenehm, aber dünn, ungenügend, vom Sujet erdrückt, die Reklame und das Orchester übertrieben für die paar Furze.*

Das von Clément Ader entwickelte Théâtrophone

Auf der Suche nach der verlorenen Zeit

Bereits Anfang 1908 erreichte Proust ein Päckchen mit fünf kostbaren kleinformatigen Notizheften, gekauft bei Kirby, Beard & Co. am Boulevard Sébastopol. Absenderin war Geneviève Straus, die in zweiter Ehe mit dem Rechtsanwalt Émile Straus verheiratete Witwe des Komponisten Georges Bizet. Seit fast zwanzig Jahren verkehrte Proust in ihrem Salon. Eingeführt von ihrem Sohn Jacques – der zur selben Zeit wie Marcel das Lycée Condorcet besuchte und sich am 7. November 1922, 12 Tage vor Prousts Tod, umbringen wird –, machte er bei den von ihr veranstalteten Dîners und Empfängen seine ersten Erfahrungen mit der Pariser Gesellschaft.
Proust füllte die Notizhefte Seite um Seite. Anfang Mai 1908 informierte er seinen Vertrauten Louis d'Albufera über seine Pläne für die nächste Zeit:

Denn ich habe in Arbeit:
eine Studie über den Adel
einen Pariser Roman
einen Essay über Sainte-Beuve und Flaubert
einen Essay über die Frauen
einen Essay über Päderastie (nicht leicht zu veröffentlichen)
eine Studie über Kirchenfenster
eine Studie über Grabsteine
eine Studie über den Roman

Es war vor allem die Figur des Literaturkritikers und Schrift-

stellers Charles-Augustin Sainte-Beuve, die Proust seit Längerem beschäftigte. *Ich beende ein Buch,* eröffnete er im August 1909 Alfred Vallette, dem Verleger seiner Ruskin-Übersetzungen und Herausgeber des *Mercure de France, das trotz seines vorläufigen Titels „Gegen Sainte-Beuve, Erinnerung an einen Vormittag" ein echter Roman ist, und zwar ein höchst unsittlicher.* Vallette lehnte eine Veröffentlichung ab. Wie schon *Jean Santeuil* wird auch *Contre Sainte-Beuve* nicht vollendet, wird zur Vorstufe des Kommenden.

Am Place des Vosges

Skulptur im Jardin des Tuileries

Es vergehen noch einmal mehr als zwei Jahre. Proust schreibt, streicht, formuliert neu. Er lässt eine Abschrift der redigierten Teile anfertigen. Zwischen März und September 1912 veröffentlicht der *Figaro* mehrere Auszüge. Gaston Calmette, seit 1902 Herausgeber der Zeitung, empfiehlt Proust an den Verleger Eugène Fasquelle. Ende Oktober schickt Proust ihm das Manuskript: *Dass es bei Ihnen erscheinen soll, überwältigt mich derart, dass ich fast Angst hatte, es sei wie alles, was man sich wünscht, nicht durchführbar.* Die Angst ist berechtigt. Zumal Fasquelle andere urteilen lässt. In dem ihm vorgelegten Lektoratsgutachten ist zu lesen: „Am Ende von siebenhundertzwölf Seiten dieses Manuskripts (siebenhundertzwölf mindestens, denn viele Seiten sind mit a, b, c, d versehen) – nach unendlicher Verzweiflung darüber, in unauslotbaren Verwicklungen zu ertrinken und nervenzerrüttender Ungeduld darüber, niemals an die Oberfläche aufsteigen zu können – hat man keine, aber auch nicht die leiseste Ahnung, worum es eigentlich geht. Wozu das Ganze? Was soll es bedeuten? Wohin soll es führen? – Unmöglich, das zu ergründen. Unmöglich, dazu etwas zu sa-

Palais du Luxembourg

gen." Am 24. Dezember erhält Proust den Ablehnungsbescheid.

Mein Roman ist kein Werk des Verstandes; noch seine kleinsten Elemente sind mir aus den Bereichen des Gefühls zugeflossen, ich habe sie zuerst auf dem Grunde meiner selbst entdeckt, ohne sie zu verstehen; und sie in etwas verstandesmäßig Begreifbares umzuwandeln, machte mir so viel Mühe, als wären sie der Welt des Verstandes so fremd gewesen wie ein musikalisches Motiv.

So verteidigt Proust gegenüber Antoine Bibesco seine Art zu schreiben. Bibesco will dem Freund helfen und stellt den Kontakt zu Jacques Copeau her. Copeau, Bibescos Mitschüler am Lycée Condorcet und Mitbegründer der *Nouvelle Revue Française*, verweist Proust an Gaston Gallimard. Anfang November kommt es zu einem ersten brieflichen Kontakt, kurz danach übersendet Proust das Manuskript. Die Hoffnungen, die ihm von Gallimard gemacht werden, zerschlagen sich. Ausschlaggebend für die Absage ist auch hier wieder das Urteil der Lektoren, allen voran André Gide. „Die Ablehnung dieses Buches", wird er im Januar 1914 erklären, „ist der größte Fehler der

Eingang zu dem von Proust gern besuchten Café Angelina, Rue de Rivoli

N. R. F. und (denn ich muss zu meiner Schande gestehen, dass ich daran ein gehöriges Maß an Verantwortung trage) eine der Taten in meinem Leben, die ich am meisten bereue." Und in einer späteren Stellungnahme des an der Entscheidung beteiligten Jean Schlumberger, Miteigentümer des Verlages, hieß es: „Ich bestätige, dass niemand das Manuskript gelesen hat, weder Gide [was nicht ganz stimmte] noch Gaston, noch Copeau oder ich. [...] Das Werk wurde wegen seines enormen Umfangs und wegen Prousts damaligem Ruf als Snob abgelehnt." Um die Weihnachtszeit des Jahres 1912 unternimmt Proust mit Hilfe seines Schriftstellerkollegen Louis de Robert einen vorerst letzten Versuch. Er bittet ihn, sein Manuskript an Paul Ollendorff, den Mitbegründer der *Société d'éditions littéraires et artistiques,* weiterzureichen. Doch auch von dessen Verlagshaus erhält er eine abschlägige Antwort.

Von dem eigentlichen Verdruss abgesehen, den der Brief von Monsieur Humblot mir bereitet hat, war ich nicht gerade glücklich darüber. [...] Umso leichter fällt es mir, Ihnen (ganz unter uns) zu sagen, dass ich den Brief, den Sie mir übermitteln, recht unhöflich finde.

Alfred Humblot, der Verlagsleiter von Ollendorf, hatte an Louis de Robert geschrieben: „Lieber Freund, ich mag ja total vernagelt sein, aber mir will nicht in den Kopf, wie ein anständiger Mensch dreißig Seiten darauf verwenden kann zu beschreiben, wie er sich in seinem Bett dreht und wälzt, bevor er Schlaf findet. Da kann ich nur die Hände über dem Kopf zusammenschlagen."

Durch die Fürsprache des mit Bernard Grasset befreundeten René Blum, Generalsekretär der Tageszeitung *Gil Blas*, findet Proust Ende Februar 1913 endlich einen Verleger. Grasset, wie ihn Proust beschreibt, *war ein großer, starker, sehr dunkler, arbeitsbesessener Mann, der irgend etwas Schneidendes an sich hatte. Er sah wie ein aus Ebenholz gefertigtes Papiermesser aus.* Der am 11. März 1913 ausgefertigte Vertrag wird zwei Tage danach von Proust unterzeichnet. Er enthält, wie auch bei anderen Autoren, eine Klausel zur Kostenbeteiligung. Für Proust kein Problem: *Was mein pekuniäres Interesse angeht, so hat es für mich weniger Bedeutung als das Eindringen meiner Gedanken in die größtmögliche Anzahl aufnahmebereiter Gehirne.*

Im 1903 eröffneten Café Angelina

Marcel Proust, 1895

Sofort macht er sich an die Arbeit. Die ersten Korrekturfahnen – insgesamt wird es fünf Durchläufe geben – tragen das Datum vom 31. März 1913. Möglicherweise, so teilt er Grasset mit, könne es noch ein paar Zusätze geben. Dass in den kommenden Wochen ein bereits druckfertiger Roman vollkommen umgearbeitet wird, dass Proust den Druckfahnen mit Schere und Kleber zu Leibe rückt und dass sich die Zusätze zu weiteren Bänden auswachsen, hat der Verleger nicht geahnt. Geändert wird auch der über all dem noch zu Erwartenden stehende Gesamttitel: Aus *Les intermittences du cœur* wird *À la recherche du temps perdu,* aus *Das Flimmern des Herzens* wird *Auf der Suche nach der verlorenen Zeit.* Der Autor entschuldigt sich für ein derartiges *unentwirrbares Durcheinander, das Ihren Angestellten eine Mühe bereiten wird, die mir leid tut und mich beschämt.* Aus der Sicht von Grasset wäre es einfacher, „den Text neu zu setzen, statt die ersten Fahnenabzüge beizuziehen, da auf ihnen nur noch ein paar Satzfragmente übrig bleiben". *In Wirklichkeit,* so versucht ihn Proust zu beschwichtigen, *ist der Text nicht sehr stark verändert, denn alles, was ich hinzugefügt habe, habe ich im Allgemeinen anschließend wieder gestrichen.*

Als *Du côté de chez Swann* (*Unterwegs zu Swann*) am 14. November 1913 als erster Band der *Recherche* in die Buchhandlungen kommt, ahnt niemand etwas von dieser Vorgeschichte. Das dem *Figaro*-Herausgeber Gaston Calmette gewidmete Buch erscheint in einer Auflage von 1.750 Exemplaren, Preis: 3,50 Francs. Proust versucht, potenzielle Rezensenten für eine Besprechung zu gewinnen. *Allerdings,* so heißt es in einem dementsprechenden Schreiben an René Blum, *lege ich auf das Buch, in das ich das Beste meines Denkens und sogar mein Leben gesteckt habe, unendlich mehr Wert als auf alles, was ich bisher gemacht habe und was nichts wert ist.* – Am 30. April 1914 erhält Proust 1.762,60 Francs an Tantiemen, was einem Verkauf von 1.175 Bänden entspricht. Bis zum Beginn des Krieges werden ungefähr 3.300 Exemplare verkauft. Den Gewinnanteil für die 2. und 3. Auflage wird der Verleger ihm schuldig bleiben.

Die Jahre des Ersten Weltkriegs

Am 1. August 1914 um 16 Uhr wird die Mobilmachung der französischen Land- und Seestreitkräfte ausgerufen. Bereits am Abend des darauffolgenden Tages verabschiedet sich Marcel Proust am Gare de l'Est von seinem Bruder. Auf eigenen Wunsch ist Robert dem Zivil- und Militärkrankenhaus in Verdun zugeteilt worden. Ihn dort im Einsatz zu wissen, ist für Marcel nicht leicht zu ertragen. Erst recht wenn er bedenkt, *dass bald Millionen Menschen in einem „Krieg der Welten" wie dem von Wells beschriebenen hingeschlachtet werden.* Zugleich hofft er aber, *dass ein höchstes Wunder in letzter Sekunde das Auslösen der allesmordenden Maschinerie aufhält.*
Der Kriegsbeginn bringt auch Veränderungen am Boulevard Haussmann mit sich. Mitte des Monats wird Prousts Diener Nicolas Cottin einberufen. Seine Frau Céline verlässt das Haus, da sie sich nicht mit Céleste Albaret versteht. Auch deren Mann Odilon, der Proust in den zurückliegenden Jahren regelmäßig mit dem Taxi chauffiert hat, erhält den Marschbefehl. Von nun an ist Céleste auf sich allein gestellt. Sie bezieht ein Zimmer in Prousts Wohnung und führt zukünftig dessen Haushalt. Durch eine Zeitungsannonce findet sich schließlich ein neuer Kammerdiener: der neunzehnjährige Schwede Ernst Forssgren. Um der Einberufung zum Militär zu entgehen, wird er jedoch nur wenige Wochen darauf den Dienst quittieren und in die USA emigrieren.
Dass sich währenddessen die deutschen Truppen Paris nähern und die Hauptstadt einzukreisen versuchen, scheint Proust nicht weiter zu beunruhigen. *Seitdem aber England und Belgien auf den Plan getreten sind,* beschwichtigt er Geneviève Straus, *erscheint es mir derart unwahrscheinlich, dass die Deutschen bis nach Paris kommen, dass ich keine großen Gewissensbisse hätte, es zu verlassen.* Und so macht er sich am 3. September 1914 gemeinsam mit Céleste und Forssgren auf nach Cabourg. Seit 1907 hat er jeden Sommer dort verbracht. Wie in den zu-

Céleste Albaret

Das am 7. Juli 1907 eröffnete Grand Hôtel in Cabourg (historische Postkarte)

rückliegenden Jahren logiert er auch dieses Mal im Grand Hôtel. Nach sechs Wochen kehrt er aus der Normandie zurück – Proust wird nie wieder verreisen.

Céleste Albaret gibt in ihren Erinnerungen ein Gespräch wieder, das Proust am Abend der Rückkehr mit ihr geführt hat. Darin soll er gesagt haben: *Die Soldaten tun ihre Pflicht; da ich nicht wie sie kämpfen kann, ist es meine Pflicht, mein Buch zu schreiben, mein Werk zu vollenden. Die Zeit drängt zu sehr, als dass ich mich noch anderen Dingen widmen könnte.* Obwohl sie, wie sie sich ausdrückte, „nichts verstand und obwohl es nach seinen eigenen Worten nicht schicklich war", wurde sie von diesem Tag an Teil von Prousts Einsiedlerdasein.

Wie alle anderen Männer auch, soll Proust zur Musterung erscheinen. Zwar hatte sich Gaston Calmettes Bruder Émile in seiner Eigenschaft als Leiter des Sanitätsdienstes bei der Militärverwaltung von Paris bereits im September 1911 dafür eingesetzt, dass Proust von der Rekrutierung ausgenommen wurde. In Unkenntnis der Abläufe und Konsequenzen – *ich brauchte mich nicht einschreiben zu lassen, da ich als Offizier von der Liste gestrichen war und diese Musterungen nur die Soldaten betrafen* – lässt dieser sich jedoch im Herbst 1914 wieder auf die Einberufungsliste setzen. Daraufhin erhält er im April 1915 mehrere Vorladungen. Sein Befinden erlaubt es ihm allerdings nicht, vor der Kommission zu erscheinen. Im August wird Proust deshalb von den zuständigen Ärzten in seiner Wohnung aufgesucht: Sie empfehlen die Ausmusterung.

Zweifellos hat das Leben, das ich führe, nichts Angenehmes, und obwohl ich weiß, dass ich in der Armee zu nichts nütze wäre, würde ich doch nützlich für mich selbst sein, wenn ich mich ausmustern lasse. Ich wünsche doch sehr, mein angefangenes Werk zu beenden und darin Wahrheiten niederzulegen, von denen ich weiß, dass viele davon zehren können und dass sie ohne das zusammen mit mir vernichtet sein werden.

Seit Jahren ist Marcel Proust regelmäßiger Gast des Hôtel Ritz. Hier umfängt ihn die wohlvertraute Atmosphäre der Pariser Salons und der von ihm in der Vergangenheit aufgesuchten Hotels und Paläste von Cabourg, Evian oder Venedig. Selbst der Krieg hält ihn nicht davon ab, sich spät am Abend mit Freunden und Bekannten im Ritz zu treffen oder dort allein zu dinieren. *Ich gehe*, äußert er in einem Brief, *ganz einfach weiter ins Ritz so wie die Katzen, die jeden Tag um die Chaiselongue herumstreichen, auf der sich ihre Herrin gewöhnlich auszustrecken pflegt.* Auch am 27. Juli 1917, als der erste große Luftangriff der Deutschen auf Paris stattfindet, hält sich Proust im Ritz auf. Es

Eingang zum Hôtel Ritz am Place Vendôme

Siegessäule auf dem Place Vendôme

wird Fliegeralarm ausgelöst. *Ich kann Ihnen nicht sagen,* berichtet er Geneviève Straus, *ob sie rechts oder links der Kassiopeia vorbeigeflogen sind, ich weiß nur, dass ich mich flugs erkältet habe, weil ich mich auf den Balkon begeben hatte und mehr als eine Stunde lang dieser wunderbaren Apokalypse zuschaute, bei der die auf- und absteigenden Flugzeuge die Sternbilder ergänzten oder auflösten.* Furcht scheint Proust offenbar fremd zu sein. Der Krieg ist für ihn *weniger ein Objekt (im Wortsinn der Philosophie verstanden) als eine Substanz zwischen* ihm *und*

den Dingen. Und der Princesse Soutzo, der späteren Frau seines Freundes Paul Morand, gesteht er: *Angst habe ich vor sehr viel weniger gefährlichen Dingen – z.B. vor Mäusen –, da ich aber keine Angst vor Bombardements habe und noch nicht einmal den Weg zu meinem Luftschutzkeller kenne (was die anderen Mieter mir nicht verzeihen), wäre es albern, wenn ich vorgäbe, ich fürchtete sie.*
In den frühen Morgenstunden des 11. November 1918 unterzeichnen die Vertreter Frankreichs, Großbritanniens und Deutschlands in einem Eisenbahnwaggon auf einer Waldlichtung in der Nähe von Compiègne das Waffenstillstandsabkommen. Der Erste Weltkrieg ist beendet. – Einen Monat darauf hält Proust ein Belegexemplar von *À l'ombre des jeunes filles en fleur* (*Im Schatten junger Mädchenblüte*) in den Händen. Aus vielerlei Gründen wird der zweite Band der *Recherche* jedoch erst im Juni 1919 ausgeliefert.

Heimatlos

Durch *ein paar liebenswürdige und tückische Zeilen* erfährt Proust am 18. Januar 1919, dass das Haus am Boulevard Haussmann von seiner Tante an den Bankier René Varin-Bernier verkauft wurde, *der daraus eine Bank machen, mich also vertreiben wird.* Da die Vorarbeiten für den Umbau bereits wenige Tage danach beginnen – der innere Hof soll überdacht und das Treppenhaus renoviert werden –, heißt es erneut auf Wohnungssuche gehen.

Nun weiß ein Asthmatiker nie, ob er in einer neuen Behausung atmen kann, und darf nahezu sicher sein, darin zu ersticken.

Ende April findet sich Marcel Proust bereit, die Wohnung nach Zahlung einer Entschädigungssumme von 12.000 Francs und den Erlass von 20.000 Francs ausstehender Miete zu räumen. Mietobjekte in der Rue de Castiglione oder der nahe beim Ritz gelegenen Rue de Rivoli kämen in Betracht. Wünschenswert wäre allerdings eine Bleibe *im 5. Stock am oberen Ende des Boulevard Haussmann oder Malesherbes (aber nicht direkt am Bahngleis),* und sogar das ihn wenig reizende Anwesen von Marie-Marguerite Catusse – *hundert Meter über dem Meer auf der Strecke zwischen Nizza und Monte Carlo* – wird ins Auge gefasst. Nur mit Schrecken sieht er dagegen *den Augenblick voraus, wo ich mich ins Ritz hätte einmieten und die Einladung der Leute zum Mittagessen auf dem Gang hätte annehmen müssen.*

Der Zufall kommt Proust zur Hilfe. Die von ihm verehrte Réjane, neben Sarah Bernhardt die größte Schauspielerin der Belle Époque, *die ihre ganze Intelligenz und ihr ganzes Herz in unzählige prächtige „Schöpfungen" gelegt hat,* hat durch ihren Sohn von seinen Problemen erfahren. Kurzerhand bietet sie ihm eine Etage in ihrem Stadtpalais an. Proust geht auf ihr Angebot ein.

Die Rue Laurent-Pichat ist eine ruhige, im XVI. Arrondissement gelegene Seitenstraße der Avenue Foch. Gabrielle-Charlotte Réju, wie Réjane mit bürgerlichem Namen heißt, bewohnt den zweiten Stock im Haus Nummer 8bis. In der Etage darüber lebt ihr Sohn Jacques Porel mit seiner Frau Anne-Marie Duval und der sieben Monate alten Tochter Jacqueline. Die Wohnung im vierten Geschoss hält Réjane für den Fall bereit, dass ihre in Amerika lebende, seit 1916 mit einem Chirurgen verheiratete Tochter Germaine zurückkommen sollte. Am 31. Mai bezieht Proust diese Räume. Da sie möbliert sind und er mit seinem eigenen Mobiliar, wie er betont, *mehrere Häuser hätte ausstatten können,* kommt ein Großteil ins Magazin. Wobei er im Nachhinein feststellen muss, *dass die Möbelpacker einen Teil stahlen und den Rest beschädigten.*

Die Schauspielerin Réjane (historische Postkarte)

Von Beginn an ist Proust mit der neuen Situation unzufrieden. Nicht nur, dass der Umzug ihn aus der Arbeit herausgerissen und *zu drei Viertel erledigt* hat, Réjanes Haus hat auch noch *das letzte Viertel aufgezehrt.* Da ist zum einen die Lage unweit des Bois de Boulogne, die ihm *sofort wieder einen kräftigen Heuschnupfen eingetragen hat.* Zum anderen funktioniert der Lift nicht, und in Porels Wohnung sind die Handwerker. Die Wände sind derart dünn, dass man die Gespräche der Nachbarn hören kann. Am Boulevard Haussmann schützten ihn die Korkwände vor allzu starkem Lärm. *Ich*

Gedenktafeln für Marcel Proust und Réjane, Rue Laurent-Pichat Nr. 8bis

kam jedoch auf die Idee, schreibt er Anna de Noailles, *es könnte besser sein, die Verteidigungsvorkehrungen in das Ohr zu verlegen.* Und so nutzt er denn die französische Variante von Ohropax: die erstmals 1918 von einem Pariser Apotheker aus Naturwachs hergestellten Boules Quiès.

Prousts ständiges Klagen über die Hellhörigkeit des Hauses bleibt Jacques Porel nicht verborgen. Er spricht die Kündigung aus und fordert Proust auf, bis spätestens Mitte September auszuziehen, da – so die offizielle Begründung – seine schwerkranke Mutter die Wohnung zurückhaben möchte. Zwar trifft Proust diese unverhoffte Entscheidung, jedoch war und ist ihm klar, dass er nicht auf Dauer in der Rue Laurent-Pichat bleiben kann.

Im Juli 1919 erfährt er von einer Wohnung am Boulevard Malesherbes Nummer 156, gut 2 Kilometer entfernt von der früheren Adresse seiner Familie. Auf die nicht gerade ruhige Lage des Hauses aufmerksam gemacht, erklärt Marcel seinem in der Nummer 154 lebenden ehemaligen Klassenkameraden Robert Dreyfus: *Im Grunde bedeutet der Straßenlärm keine Unannehm-*

lichkeit für mich, sondern einen Vorteil, da er, ununterbrochen wie Meeresrauschen, den sporadisch auftretenden Geräuschen der Nachbarn ihre Schärfe nimmt, den einzigen, die mir lästig sind. Doch aus der Nachbarschaft wird nichts. Als Proust sich endlich entscheidet, sind die Räume bereits vermietet. *Ich werde mich aber,* teilt er Dreyfus mit, *an Wohnungsmakler wenden und sie beauftragen, mir irgend etwas in Deinem Viertel zu beschaffen.*

Eine bescheidene Hütte

Tatsächlich wird mit Hilfe einer am Place Victor Hugo ansässigen Makleragentur etwas Passendes gefunden. In Prousts Auftrag kümmert sich Céleste Albaret um alles: „Mir wurde das Haus genannt; die Gegend gefiel mir recht gut; er hat sich angeschaut, wer da wohnte; dann sagte er zu mir: ‚Gehen Sie hin und berichten Sie mir.'"

Die zum XVI. Arrondissement gehörende Rue de l'Amiral Hamelin ist eine zwar ruhige, aber enge Straße. Das einer Madame Boulet gehörende Haus mit der Nummer 44, in das Proust am 1. Oktober 1919 einzieht, liegt am nördlichen Ende, nicht einmal 100 Meter von der Avenue Kléber entfernt. Nach Süden hin blickt man auf den jenseits der Seine stehenden Eiffelturm. Im Erdgeschoss befindet sich die Bäckerei von Monsieur Montagnon.

Prousts letzte Wohnadresse: Rue de l'Amiral Hamelin Nr. 44, heute Hôtel Élysée Union

Für jährlich 16.000 Francs mietet Proust eine Wohnung im 5. Stock – *eine bescheidene Hütte.* Er untertreibt. Es gibt vier Schlafzimmer, einen großen und einen kleinen Salon, dazu ein Zimmer für Céleste. Im kleineren Maßstab gleichen die räumliche Anordnung und die Einrichtung der vom Boulevard Haussmann. In Prousts Zimmer steht sein altes Bett, dahinter der Paravent, es gibt einen Sessel für Besucher. Auch die drei kleinen Tische finden ihren Platz, darauf liegen seine Manuskripte und zahlreiche Notizhefte. An den Fenstern hängen die wohlbekannten blauen Satinvorhänge. Als Lärmschutz werden überall Teppiche ausgelegt.

„Ja, das Leben begann wieder", heißt es in Céleste Albarets Erinnerungen, „und wurde von seinen Gewohnheiten geprägt. Das Läuten, der Kaffee am Nachmittag, die nächtlichen Plaudereien, die Arbeit an den Büchern, die Perioden des Schweigens." Einziger Unterschied: Proust geht immer seltener aus. *Die Zeit drängt, Céleste ...* – so lautet seine Erklärung. Und außerdem ist klar: *Wir sind hier ja nur vorübergehend. Wenn ich fertig bin, wird es uns bessergehen.* Noch Anfang 1920 wird er an einen neuerlichen Umzug glauben, betont er doch in einem Brief an Antoine Bertholhomme, den Concierge vom Boulevard Haussmann: *Sie können mir aber ruhig in die Rue Hamelin schreiben, denn ich wohne noch dort, obwohl nicht mehr lange, glaube ich.* Und weiter ist zu lesen: *Die Schwierigkeit der Wohnungssuche steigert natürlich meine Erschöpfung. Außerdem sind die Wohnungen, die ich seither hatte, viel zu klein, was nicht gesund ist, jedoch nicht hindert, dass sie dreimal soviel kosten wie am Boulevard Haussmann.*

Späte Anerkennung

Am Nachmittag des 10. Dezember 1919 erhält Marcel Proust die Mitteilung, dass ihm der *Prix Goncourt* zuerkannt worden ist. Sechs der zehn Jurymitglieder, darunter sein Freund Léon Daudet, haben für ihn gestimmt: *À l'ombre des jeunes filles en fleur* (*Im Schatten junger Mädchenblüte*), der zweite Band der *Recherche*, ist der Roman des Jahres. Die Nachricht ist für ihn *wie ein Neujahrsgeschenk, das man zu Weihnachten bekommt, und das in einem Jahr, in dem man glaubt, dass man gar nichts zu Neujahr bekommen wird.* Céleste erklärt er die Bedeutung: *Er ist heute der einzige wertvolle Preis, weil er von Männern vergeben wird, die wissen, was ein Roman ist und was er wert ist.*
Für den Moment ist Prousts Name somit zwar in aller Munde, die erhoffte Steigerung der Verkaufszahlen bleibt dennoch aus. Und was sagen die Journalisten? Die einen halten den Autor für nicht zeitgemäß, die anderen beklagen, er sei zu alt. Im *Journal des Débats* verkündet der Literaturkritiker Jean de Pierrefeu: „Meiner Meinung nach können ihn nur die Müdigkeit oder der Tod von seiner Aufgabe abbringen, die von ihm verlorene Zeit wiederzufinden." Anfang 1920 ist Proust mit den Korrekturen von *Le côté de Guermantes* (*Guermantes*) be-

Place de la République

schäftigt, derweil lässt Gallimard das Manuskript von *Sodome et Gomorrhe* (*Sodom und Gomorrha*) abschreiben.

Am 25. September 1920 wird Proust noch eine weitere Ehre zuteil: Ein dreiviertel Jahr, nachdem er den *Prix Goncourt* erhalten hat, erhebt man Proust in den Stand eines Chevalier der Légion d'honneur. Seinem Bruder Robert, gleichfalls Ritter der Ehrenlegion, schreibt er: *Alles das, was mir mein ganzes Leben lang verweigert wurde, wird mir nun auf die dringlichste Weise geschenkt.*

Um die Veröffentlichung der *Recherche* zügig voranzutreiben, hatte Gallimard vorgeschlagen, die nächsten Bände in je zwei Teilen erscheinen zu lassen. Und so kommt am 22. Oktober zunächst *Guermantes I* in die Buchhandlungen. *Wie Sie wissen*, informiert Proust voller Zuversicht seinen Verleger, *ist* Sodome I *fast im Reinen, dafür erfordert* Guermantes II *viele Zusätze. Der Drucker soll mich also nicht zu lange auf die Fahnen warten lassen, da die beiden zusammen erscheinen werden (15. Februar).* Sie erscheinen zusammen – allerdings erst am 2. Mai 1921. Die Arbeit am zweiten Teil von *Sodome et Gomorrhe* wird sich bis zum März 1922 hinziehen.
Oft genug wird Proust durch seinen sich rapide verschlechternden Gesundheitszustand von der Arbeit abgehalten. Er ist übermüdet und erschöpft, rheumatische Beschwerden quälen ihn, er stürzt. Wiederholt treten unerklärliche Sprachstörungen auf, es kommt zu Vergesslichkeiten. Selbst die Korrespondenz, sonst so ausufernd, wird auf das Nötigste beschränkt. Einen Brief zu schreiben, *der zuvor eine Spritze erforderlich macht*, ist für ihn *ein wahres Martyrium*. Der behandelnde Arzt verschreibt Morphin, Aspirin, Adrenalin, Euvalpine und Spartein – das Ergebnis *ist gering, ausgenommen eine große Dumpfheit*. Durch einen Irrtum des Apothekers kommt es Mitte Oktober 1921 zu einer Medikamentenvergiftung. Drei Tage vor dem Jahreswechsel bedauert Proust, kein Zyankali zur Hand zu haben.

Ein Buch wie eine Kathedrale

Trotz seiner gesundheitlichen Beeinträchtigungen nimmt Proust die Einladung zur Silvesterfeier im Haus von Comte Étienne de Beaumont an. Die extravaganten Partys und Maskenbälle des Pariser Mäzens gelten als Höhepunkte des gesellschaftlichen Lebens. Regelmäßig sind hier bekannte Künstler und einflussreiche Persönlichkeiten zu Gast – so auch am 31. Dezember 1921.
Der Maler und Illustrator Jean Hugo ist einer von ihnen. Noch Jahrzehnte danach wird sich der Urenkel des Schriftstellers Victor Hugo an diesen Abend erinnern: „Sein totenbleiches Gesicht war aufgedunsen; er hatte einen Bauch bekommen. Er sprach nur mit Herzögen. – Sehen Sie ihn sich an, sagte Picas-

so zu mir, er ist auf Motivsuche." Es war wie in früheren Jahren. Damals ließ ihn seine ausgeprägte Wissbegierde immer wieder die Salons der vornehmen Gesellschaft aufsuchen. Proust wollte erfahren,

wie zwischenmenschliche Beziehungen entstehen, sich gestalten und in Sackgassen geraten oder wieder zerfallen, wie Menschen agieren und reagieren, sich bekämpfen und sich schützen, sich gegenseitig demütigen oder – von Zuneigung erfasst – einander zu gefallen suchen.

Avenue Hoche Nr. 12, Salon von Madame de Caivallet, der Geliebten von Anatole France

Ende Januar 1922 wird Marcel Proust von seiner im November 1903 geborenen Nichte Suzy zur Nachfeier ihres 18. Geburtstags in die Avenue Hoche eingeladen. *Aufs Ganze gesehen,* schreibt er noch am selben Abend an Paul Morand, *hat meine Anwesenheit nicht ganz so ernüchternd gewirkt wie die Auferstehung des Lazarus. Allerdings werde ich nach Hause ins Grab zurückkehren.* In seinem Zimmer, in der selbst gewählten Einsamkeit und Isolation, findet Proust die Zeit, sich zu erinnern und zu reflektieren – ohne sich mit dem Alltag auseinandersetzen zu müssen. *Was mich erheitert, das sind die Soiréen voller Menschen, bunt gemischt wie ein Feuerwerk. Ein wenig davon hat mir das Ritz gegeben, doch es ist immer dasselbe.* Und er fällt ein noch schärferes Urteil über das von ihm oft und gern besuchte Hotel: *das Ritz ist gegenwärtig eine Wüste ohne Oase, das Personal nichts als Nieten.*

Freunde und Bekannte, die ihn eine Zeitlang nicht gesehen hatten, begegneten Proust mit gemischten Gefühlen. Dem Lyriker Léon-Paul Fargue erschien er „wie ein Mensch, der nicht mehr an der frischen Luft und am Tage lebt, wie ein Eremit, der lange nicht mehr aus seiner Baumhöhle herausgekommen ist; etwas Ängstliches stand in seinem Gesicht, gleichsam der Ausdruck eines Kummers, der allmählich verklingt. Herbe Güte strömte er aus." Die ging allerdings oft genug einher mit Unzufriedenheit und Unduldsamkeit. Da bekam seine Haushälterin beispielsweise „Hausmitteilungen" wie diese:

Es zieht sehr stark. Wärmen Sie mir etwas Vichy-Wasser auf, dieses hier hat keine Kohlensäure mehr. Ich konnte Sie nicht nach meinen Kartoffeln fragen, mir ist schlecht von der widerlichen Torte. Ich friere. Ist es in der Küche wärmer als hier? Haben Sie Croissants? Ich fürchte, die Kartoffeln dauern zu lange. Wie lange brauchen Nudeln? Entschuldigung, dass ich so oft läute.

Prousts Nervosität wird immer drängender. Im Frühjahr 1922 scheint sie jedoch endlich überwunden. *Wissen Sie, heute Nacht hat sich etwas Wichtiges ereignet.* Céleste Albaret sieht einen veränderten, einen glücklichen Menschen vor sich, der sein Ziel erreicht hat. *Heute Nacht habe ich das Wort „Ende“ geschrieben.* Doch Céleste hat ihre Zweifel: „Aber so, wie ich Sie kenne, fürchte ich, dass wir noch nicht damit fertig sind, die kleinen Papiere einzukleben und Korrekturen anzufügen.“ Und so geschieht es. Proust macht weiter wie bisher. *Wissen Sie, Céleste, ich möchte, dass mein Werk in der Literatur eine Kathedrale darstellt. Das ist der Grund, warum es nie fertig wird. Selbst wenn die Kathedrale gebaut ist, gibt es immer noch*

Notre-Dame de Paris

das eine oder andere auszuschmücken, ein Glasfenster, ein Kapitell, eine kleine Kapelle mit einer kleinen Statue in einem Winkel. Seit Anfang Februar arbeitet Yvonne Albaret für Proust. Célestes Nichte kümmert sich um den immer spärlicher werdenden Schriftverkehr und ist mit der Abschrift der Manuskripte für die nächsten Bände der *Recherche* befasst. Da ist zunächst *Sodome et Gomorrhe III.* Im Verlauf der Arbeit wird dieser Band nicht nur aufgeteilt, der Autor wird auch darauf aufmerksam gemacht, dass es ein Fehler sei, die Titel nicht zu variieren. Denn *die Leute seien so dumm, dass sie, wenn sie ein Werk mit dem gleichen Titel wie das vorhergehende Sodome et Gomorrhe sehen würden, sich sagten, aber das habe ich doch schon gelesen.* Sein Vorschlag: *Vielleicht sollte man* Sodome III *mit* La Prisonnière (Die Gefangene) *und* Sodome IV *mit* La Fugitive (Die Flüchtige) *betiteln.*

Eine der letzten Aufnahmen von Marcel Proust, 1922

Die Sorge um den Roman geht einher mit der Verschlechterung seiner Gesundheit. Bei dem Romanisten Ernst Robert Curtius, seinem einzigen deutschen Briefpartner, entschuldigt er sich für eine verspätete Antwort mit den Worten: *Nach und nach habe ich die Fähigkeit zu sprechen, zu sehen und mich zu bewegen (es sei denn, ich nehme in Kauf, bei jedem Schritt hinzufallen), mehr und mehr eingebüßt.* Auch Gaston Gallimard wird um Geduld gebeten: *Ich glaube, es ist ratsamer, auf meine, wie man so sagt, Erholung zu warten. (So ich mich denn je wieder erhole.)* Zu allem Übel nimmt er eines Tages versehentlich Adrenalin in Reinform zu sich, *wodurch ich mir die Speiseröhre wie mit Vitriol verbrannt habe, drei Stunden lang stand ich Höllenqualen aus.* Zwar lassen die Schmerzen bald nach, doch Proust fällt das Schlucken schwer, und – so mutmaßt er – *man wird mir den Magen eingipsen müssen, um ihn gegen Geschwüre abzudichten.* In dieser Situation hilft nur noch Eis. Célestes Mann Odilon Albaret holt es über Wochen hinweg aus dem Ritz, wohin sich auch Proust bald schon wieder aufmacht.

Notre-Dame de Paris, Fries am Portal der Jungfrau

Einzig die Aufzeichnungen von Céleste Albaret geben einen Hinweis darauf, dass Proust Anfang Oktober 1922 Étienne de Beaumont und dessen Frau Édith ein letztes Mal seine Aufwartung macht. Wieder einmal trifft sich in deren Haus Tout-Paris. Angeschlagen von einer Grippe, zieht sich Proust auf dem Heimweg eine zusätzliche Erkältung zu. Die Vorhaltungen seines Arztes ignoriert er. Er hat Fieber, er hustet, er isst immer weniger. Dennoch schreibt er unermüdlich weiter. *Die Verbissenheit, mit der ich an die* Prisonnière *gegangen bin (fertig,*

Basilika Sacré Cœur de Montmartre

aber muss nochmals durchgesehen werden) (am besten, Sie lassen die ersten Fahnen erstellen, die ich dann korrigiere), diese Verbissenheit, selbst ohne meinen fürchterlichen Zustand in diesen Tagen, hat mir die folgenden Bände ferngerückt. Doch 3 Tage Erholung mögen genügen. – Es sind die letzten an Gaston Gallimard gerichteten Worte, geschrieben in der Nacht vom 30. zum 31. Oktober 1922. Eine Woche später bestätigt sein Verleger den Eingang des Manuskripts.

Seit 1906 wird Proust medizinisch betreut von Dr. Maurice Bize, einem Studienkollegen von Robert. Letzterer übernimmt es, Reynaldo Hahn zu informieren: „Marcel hat nichts Ernstes, es handelt sich um Pneumokokken, also eine Sache, die sich leicht behandeln und heilen lässt." Doch wie soll sich der Zustand bessern, wenn Marcel Medikamente ablehnt? Und nicht nur das. „Sie werden verstehen", so Robert weiter, „dass es für mich sehr schmerzlich ist mitanzusehen, wie er sich weigert, sich behandeln zu lassen, obwohl doch nichts einfacher wäre." Er bittet Hahn, seinem Bruder klarzumachen, „dass das, was nicht gefährlich ist, es werden kann".

Hahn redet dem Kranken ins Gewissen: „Ich weiß, dass niemand irgendwelches Gewicht bei Ihren Entschlüssen hat und dass ich nichts ausrichten kann in Hinblick auf das, was ich für vernünftig und begrüßenswert für meinen teuersten Freund halte, für eine der Personen, die ich am meisten geliebt habe in meinem Leben." Der Appell zeigt keine Wirkung.
Am 18. November 1922 stirbt Marcel Proust. Reynaldo Hahn verständigt Jacques Rivière, den Redaktionsleiter der *Nouvelle Revue Française*, der das Entstehen der *Recherche* bis zuletzt

Blick vom Montmartre

Marcel Prousts Grab auf dem Friedhof Père-Lachaise

begleitet hat: „Ich sehe es als meine Pflicht an, Sie darüber zu informieren, dass unser teurer Marcel Proust heute Abend um 5.30 verstorben ist.“ Prousts Bruder Robert, Reynaldo Hahn, Céleste Albaret und zwei Nonnen halten die Totenwache.

Élisabeth de Gramont, eine langjährige Vertraute Prousts, gehört zu den Letzten, die den Verstorbenen sehen: „Er liegt da, das Gesicht weiß und abgezehrt, der Mund etwas verzogen in einem letzten sarkastischen Lächeln, und in seinem reichen Haarschopf, der nicht weniger schwarz ist als sein Bart, ist kein einziges weißes Haar, trotz seiner einundfünfzig Jahre. Zwischen dem schönen Jüngling und dem von seinem Lebenswerk gemarterten ruhenden Christus liegt die ganze Suche nach der verlorenen Zeit.“

Die Trauerfeier findet am 21. November 1922 in der katholischen Kirche Saint-Pierre-de-Chaillot statt. Abbé Delepouve erteilt die Absolution, der Organist spielt Maurice Ravels *Pavane pour une infante défunte*. Die am Tag darauf im *Figaro* veröffentlichte Liste der Trauergäste verzeichnet mehr als einhundert Personen, das *Who's who* der Pariser Gesellschaft.

Literatur (Auswahl)

M. Proust: *À la recherche du temps perdu* (4 vol.). Paris 1987–1989.
Frankfurter Ausgabe, darin: *Auf der Suche nach der verlorenen Zeit* (7 Bde.), übersetzt von E. Rechel-Mertens, revidiert von L. Keller. Frankfurt/M. 1994–2002.
Auf der Suche nach der verlorenen Zeit (7 Bde. und ein Ergänzungsband), übersetzt von B.-J. Fischer. Stuttgart 2013–2017.
Das Flimmern des Herzens, übersetzt von S. Zweifel. Berlin 2017.
Les poèmes / Die Gedichte, hrsg. und übersetzt von B.-J. Fischer. Stuttgart 2018.
Correspondance (21 vol.), Texte établi, présenté et annoté par P. Kolb. Paris 1970–1993.
Briefe zum Leben, hrsg. und übersetzt von Uwe Daube. Frankfurt/M. 1969.
Briefwechsel mit der Mutter, übersetzt und ausgewählt von H. Rieger. Frankfurt/M. 1970.
Briefe 1879–1922 (2 Bde.), übersetzt von J. Ritte (Hrsg.), A. Russer und B. Schwibs. Berlin 2016.
Der Briefwechsel mit Reynaldo Hahn, hrsg. und übersetzt von B.-J. Fischer. Stuttgart 2018.

C. Albaret: *Monsieur Proust – Die Erinnerungen seiner Haushälterin.* Frankfurt/M. u. Leipzig 2004.
E. Bloch-Dano: *Madame Proust – Eine Biographie.* Berlin 2006.
M. Erman: *Le Paris de Proust.* Paris 2015.
R. Hayman: *Marcel Proust – Die Geschichte seines Lebens.* Frankfurt/M. u. Leipzig 2000.
L. Keller (Hrsg.): *Marcel Proust Enzyklopädie. Handbuch zu Leben, Werk, Wirkung und Deutung.* Hamburg 2009.
Proust 1913 – Momentaufnahme mit Rückblenden und Vorausblenden. Hamburg 2013.
P. Michel-Thiriet: *Das Marcel Proust Lexikon.* Frankfurt/M. 1992.
R. Moritz: *Mit Proust durch Paris – Literarische Spaziergänge.* Stuttgart 2015.
G. D. Painter: *Marcel Proust – Eine Biographie* (2 Bde.). Frankfurt/M. 1962–1968.
H. Raczymow: *Le Paris retrouvé de Marcel Proust.* Paris 2005.
J.-Y. Tadié: Marcel Proust. Frankfurt/M. 2008.

Die Proust-Zitate werden wiedergegeben mit freundlicher Genehmigung der Verlage Suhrkamp und Reclam.

Bildnachweis

akg-images: S. 14, 29, 44
Aus: William H. Adams, *Prousts Figuren und ihre Vorbilder*, mit Fotos von Paul Nadar, insel taschenbuch 2640, Suhrkamp Verlag 1988: S. 10, 18, 24, 25
Aus: George D. Painter, *Marcel Proust – Eine Biographie*, Suhrkamp Verlag 1968: S. 3, 19, 23, 45, 58
Sammlung Iven: S. 5, 12r, 27, 31, 32, 38, 46, 50
Alle übrigen Photos: Angelika Fischer
Nicht alle Bildrechte der historischen Photos ließen sich ermitteln.
Etwaigen Rechteinhabern steht es frei, sich mit dem Verlag in Verbindung zu setzen.

Impressum

Lektorat: Gisela Henze, Königswinter
Gestaltung und Herstellung: Atelier Fischer, Berlin, mit Dörte Nieland
Druck: Medialis Offsetdruck, Berlin
Bindung: Reinhart & Wasser, Berlin
1. Auflage März 2019
ISBN 978-3-937434-84-1